La gallina que cruzó la carretera

Menchu Gómez & Rubén Turienzo

La gallina que cruzó la carretera

Liderazgo y trabajo en equipo

La fábula de la gallina emprendedora

Segunda edición

ALMUZARA
2007

1ª edición: abril de 2007
1ª reimpresión: junio de 2007

Ilustraciones de Diana Rodríguez Lago

Colección economía • Serie economía y personas.
Editorial Almuzara
Director editorial: Antonio E. Cuesta López
www.editorialalmuzara.com
pedidos@editorialalmuzara.com - info@editorialalmuzara.com

Diseño y preimpresión: Talenbook
Imprime: Taller de libros, s.l. [www.tallerdelibros.com]

I.S.B.N: 978-84-96710-39-9
Depósito Legal: CO-30-07
Hecho e impreso en España - *Made and printed in Spain*

Índice

Agradecimientos

Un libro es siempre una obra colectiva. Mi agradecimiento a todas las personas que me han inspirado, ayudado y servido de ejemplo.

A María Serrano, por crear esta gran familia a la que pertenezco.

A mis hermanos, Iván y Borja, por brindarme una amistad incondicional.

A todas las personas que han contribuido a que este libro fuera una realidad y en especial:

A Menchu Gómez, por hacer grande este proyecto. Por hacerme disfrutar con la creación y el desarrollo del mismo. Espero que éste sea sólo el principio.

A Diana Rodríguez, propietaria de los mágicos lápices que ilustran la obra.

A Javier Molner y Alejandro Cervantes, por vuestra confianza y experiencias.

A María Vázquez, por hacerme comprender que hay otra forma de ver la vida.

A los compañeros y amigos de *141 coaching*.

Gracias de todo corazón a las personas que han decidido seguir los pasos de Popeya.

Rubén Turienzo

Gracias a mi pareja por aguantar mis «échale una ojeada, *please*», por no echarme de la cama el día que me llevé el portátil a ella, por hacer críticas constructivas, por reforzarme positivamente, por facilitarme las comidas de trabajo, y, sobre todo, por darme tanto amor. Cualquier palabra tierna que veáis en este libro está inspirada en su persona. Mil gracias por despertarme con besos todos los días.

A Rubén por hacer todo tan fácil. Sorprende que un proyecto tan grande surja de una forma tan sencilla: «¿quieres que escribamos juntos un libro?». Mi respuesta no fue muy creativa «pues vale»... Menos mal que luego di más de mí. Este libro es el producto de nuestra excelente compenetración psicológica.

A mi abuela, que sin saberlo me enseñó tanta psicología. Con mi mejor deseo de que la felicidad la corteje durante todo lo que le queda de vida y más.

A mis *feedbackeros* y amigos. Son un amor: Esther, Paloma, Fernando, Amada, Merche, Caridad, Beatriz y Carlos.

A todos mis compañeros de *141 coaching* por generar tan buena energía.

Mi más sincero agradecimiento y admiración para nuestra ilustradora Diana, por convertir en imágenes nuestros pensamientos con buen gusto y excelente diseño.

En definitiva, gracias a todas las personas que han pasado por mi vida y me han hecho crecer. Que sepas que tú, al leerme, eres uno de ellos.

Menchu Gómez

CHICKEN CITY

Prospecto

Sentimos que la apariencia de lo que tienes en las manos te haya llevado a la confusión de que *La gallina que cruzó la carretera* es un libro normal, como cualquier otro que sirve para entretenerte un rato en el sofá, la piscina, el avión o ese viaje que vas a emprender.

Este libro es una estupendísima herramienta capaz de insuflarte y ayudarte a desarrollar las habilidades necesarias para conseguir los objetivos que te propongas a nivel personal y empresarial. Mientras lo lees te darás cuenta de que tu autoestima crece y sentirás que tu confianza en ti mismo se dispara.

Para evitar nuevas confusiones, pasamos a desarrollar una descripción exhaustiva de la *medicina* en forma de libro que estás leyendo.

Composición:

Cada capítulo contiene unos gramitos de reflexión, unos centilitros de buen humor y unos minutos de sentido común, aderezado con una buena dosis de conocimientos en el mundo del *coaching,* la psicología, la empresa y el deporte.

Indicaciones:

Ideal para todo el que padezca el «síndrome del culo inquieto», para los amantes de mejorar su calidad de vida, para los que se consideran alumnos del día a día, para los que quieren cultivar el arte de simplificar la vida (estrechamente ligado al *natural coaching)* y para los que saben que la «superación personal» no es ni un nuevo desodorante, ni unas galletas que no engordan, ni el lema publicitario del anuncio del último modelo de coche, sino un pasatiempo de lujo que cultivan los entes felices.

Indicado especialmente para emprendedores, ejecutivos, profesores, alumnos, pacientes, clientes y amantes del buen vivir.

Contraindicaciones:

Este libro está contraindicado en los siguientes casos:

• Si la cabeza la utilizas solamente para llevar los últimos sombreros de la temporada primavera-verano de unos conocidos almacenes.

• Si tienes incontinencia urinaria. En concreto, el contenido de los diferentes capítulos pueden aflojarte algún esfínter comprometido a consecuencia de un ataque de risa.

• Si padeces el «síndrome del sobradillo»: Porque yo lo valgo.

• Si eres un poco vaguete y sólo admites libros con finales muy cerrados que no te obliguen a hacer el sobreesfuerzo de reflexionar. En ocasiones se ha observado que este caso se solapa con el de los modelitos primavera-verano en la cabecita.

Precauciones:

Para los del esfínter de antes, mejor si lo lees en la intimidad y bien protegido.

Advertencias:

Lo que estás a punto de leer puede tambalear alguno de tus conceptos de toda la vida. Cuando alguien se tambalea a través de un proceso de reflexión, puede o bien interrumpir dicha reflexión, o, en el caso de que decida seguir avanzando, experimentar un cambio conductual que le lleve a estancias más prolongadas en «villa felicidad». Aprovecha el libro para plantearte: ¿qué puedo hacer para mejorar mi vida? Obsérvese que el tambaleo ha de producirse previa reflexión y distinguir éste de otros tipos de tambaleo. Como diagnóstico diferencial se establece olerles el aliento, observar la presencia de una copa en su mano o hacerles andar en línea recta.

El sentido del humor es una herramienta *facilitadora* del aprendizaje y del cambio. Este libro pretende llegar a ti a través de pellizquitos de alegría. ¡Disfruta de ellos!

Amenazamos con escribir una segunda parte de la gallina, esta es sólo la primera batalla; y con poner un título que no dé tantas pistas sobre el final... ¡Viva la intriga!

Es un regalo ideal para un familiar enfermo, como regalo de cumpleaños, Navidad o, simplemente, porque sí. Si conoces a alguien que desea superarse, está pasando un mal momento, está ansioso o estresado por algo que debe desempeñar y quieres realmente que consiga superarlo, este es un buen regalo.

Embarazo y lactancia:

Si estás embarazada no tienes ningún problema para poder leer este libro, es más, aprovecha para leerlo ahora porque te espera, en breve, un periodo de no poder parar ni dormir. Si eres lactante no lo leas, entre otras cosas porque no sabes leer. Ya te llegará el momento.

Uso en niños:

Este libro sí debe mantenerse al alcance de los niños. Cuanto más pequeños somos más necesitados estamos de tener modelos que nos enseñen cómo conducirnos en la vida. Con la salvedad de que seas lactante, ¿queda claro?

Uso en mayores:

Goza de la vida ahora que tienes tiempo (¡qué invento los viajes del INSERSO!) y lee.

Efectos sobre la capacidad de conducción:

¿Si no puedes hablar por el móvil cómo vas a poder leer? Anda, cierra el libro y sigue en cuanto pares. Y si te hacen soplar, no digas que das positivo por culpa de un libro que te hace tambalear: te tomarán por loco y te llevarán a un sitio donde no podrás terminar de leerlo.

Uso en deportistas:

Se informa a los deportistas que estas páginas no contienen ningún componente que pueda establecer como positivo un resultado analítico de control de dopaje. Te lo puedes llevar a las concentraciones del equipo y, de paso, pasárselo al entrenador. Seguro que, aunque no lo reconozca, le vendrá bien.

Posología:

Leerlo al menos una vez en la vida. Aunque para sacarle mayor provecho se aconseja hacer varias relecturas porque en cada una de ellas sacarás nuevas conclusiones en función de lo que te esté ocurriendo en ese momento.

Sobredosis:

La sintomatología de sobredosis incluye visión borrosa, aparición de plumas y consumo compulsivo de huevos a las finas hierbas.

Conservación:

No te demandaremos si subrayas lo que más te guste. Consérvalo en lugar fresco y seco... pero si te apetece llevártelo a la playa, pues hazlo. Aléjalo de los grandes enemigos de los libros: el fuego, los perros y la Santa Inquisición.

Caducidad:

Con tan buena calidad de edición se podría decir que inexistente.

Abre tu mente, abrillanta tu sonrisa y sumérgete en el primer capítulo. Quizá hoy comiences a darte cuenta de todas las herramientas que tienes para facilitarte la vida en el trabajo, en tus relaciones personales... ¡Feliz lectura!

CAPÍTULO UNO

Soy Popeya

<< Se alcanza el éxito convirtiendo cada paso en una meta y cada meta en un paso >>

C.C. Cortez

Capítulo uno

Soy Popeya

«Se alcanza el éxito convirtiendo cada paso
en una meta y cada meta en un paso.»
C. C. Cortez

Me dijeron que hoy aparecerías por aquí para enterarte de por qué crucé la carretera y, sobre todo, de cómo conseguí mi objetivo. Cuando todo empezó algunas compañeras de corral se rieron. Otras auguraban los peores presagios y me imaginaban dorándome al horno clavada en un pincho metálico y siendo pasto de domingueros intrépidos. La mayoría intentó quitarme la idea de la cabeza a picotazos, buscando sacar de mi sesera esas ideas locas que alguien había metido allí. Fue duro (nadie dijo nunca que sería fácil) pero, al conseguirlo, mi vida cambió. Hoy soy una gallina capaz de todo. Y puedo reconocer que es cierto aquello que dicen «el éxito genera éxito».

Perdonad que no me haya presentado aún, a veces mis modales se quedan en el corral. Claro que, quién me iba a decir a mí que escribiría un libro...

Mi nombre es Popeya Suprem, y aunque nací gallina, supe romper el estereotipo de mi especie. Dicen de las gallinas, ya se sabe, que a cada paso, una cagada: paso-cagada, paso-cagada... Dedicarme a aprender de las cagadas y poco a poco conseguir caminar sin errores en el fascinante, pero imprevisible, mundo empresarial fue una labor ardua e intensa.

Nací en Chicken City, una ciudad enorme, en la que puedes encontrar todo lo que te pida el cuerpo. Por ejemplo, si quieres ir al cine, te puedes sentar frente a los ventanales sur y observar cómo actúan los cerdos de la poza de al lado, grandes actores cómicos. También está la gran avenida central, llena de artistas callejeros y mimos, donde todo el mundo pasea y charla sobre las dichas y las desdichas propias de cualquier gallinero. La ciudad es maravillosa.

Incluso desde la parte más alta de la ciudad, se puede asistir a las carreras suicidas de las liebres que cruzan la gran N-66, la carretera. Una amenaza real para la vida de cualquiera que no pueda correr a la velocidad del rayo. En ella muchos perecieron. Dicen los mayores, que tras ella existe un gran cráter donde se termina el mundo. A las gallinas nos estaba prohibido acercarnos a ella y por eso lo observábamos todo desde Chicken City, el mejor corral del mundo.

En mi ciudad vivían aves de lo más dispar, desde mis amigas gallinas de siempre hasta personajes siniestros sacados de las más increíbles historias.

Uno de estos últimos era Parrot Jones, un loro de pecho blanco que vivía con los humanos y del que dicen trae mala suerte porque se comunica con ellos. Fue exiliado al granero y lo cierto es que es un tipo con muy malas pulgas. Regenta la mejor tasca de los alrededores, la Rasca Tasca, en la que se puede consumir agua casi pura y un grano exquisito.

Como ya he comentado, en el corral viven mis mejores amigas. A Feary la conozco desde que éramos un huevo de primera semana. Aún recuerdo que lo primero que escuché de su pico fue decir: «¿realmente tengo que salir?» Es un poco miedosa, si entendemos el término «poco» como el rasgo más acentuado de esta gallina. Su madre, desde que era pequeña, la lleva cada mañana antes de ir al trabajo, a los servicios médicos de doña Curie. No es porque le pase algo, sino, según sus propias palabras, «para evitar que le pase».

Bravy, es hija de una gallina pionera, fue la primera en poner de patitas en la calle a su gallo de turno. Existía una regla no escrita según la cuál el gallo que desease convivir con una gallina, pudiese hacer lo que desease, basada en una tradición que mantenía que las gallinas eran inferiores. Así era hasta que la señora Brave no dejó que el miedo pudiera con ella y dijo basta.

Y, aunque es cierto que desde entonces la vida no le ha sido un camino de rosas, ella camina erguida y con el pico bien alto. Se puede decir que Bravy, su hija, ha sacado esa valentía hereditaria multiplicada hasta un punto que la hace ser un poco temeraria.

Por otro lado está Corsety. Ella siempre está en todas las conversaciones y se entera de todos los cotilleos del gallinero. El resto del grupo, dice que es superficial y que si quieres que algo sea un secreto, nunca debes contárselo a Corsety. Si lo haces, estás perdida, estarás en la primera página del Daily Chicken y se hablará de ti en absolutamente todos los corrillos ponedores del corral. A mí me parece una buena amiga y le cuento absolutamente todo lo que hago, entre otras cosas porque no me da miedo que alguien se entere de los episodios de mi vida. Al menos de momento.

Y por último, y no por eso menos importante, Roosty. ¡Ay, Roosty!, un gallito muy mono con todas las cualidades de un gallo: valiente, impredecible, inmaduro... pero un sol de gallito. Podría estar horas hablando de él, pero ya llegará el momento de que le conozcáis mejor.

Formábamos un equipo genial. Nos pasábamos todo el día de un lado al otro del gallinero corriendo y riéndonos. Las competiciones de caída con estilo eran un clásico entre nuestros juegos en las tardes de primavera. De todos es sabido, que las gallinas no podemos volar, así que subíamos hasta lo más alto del gallinero y saltábamos extendiendo las alitas, intentando planear hasta la valla exterior de Chicken City. Claro está que no llegábamos nunca ni a la mitad del trayecto, pero disfrutábamos pensando que algún día lo haríamos. Roosty y Bravy siempre aleteaban para saltar primero. Después lo hacía Corsety. Ella nunca llegaba demasiado lejos, puesto que estaba más preocupada en fijarse qué hacían las gallinas de los pisos inferiores mientras caía, que en extender bien las alas e intentar planear. Finalmente, siempre, cada día, en cada salto, me tocaba animar a Feary a que saltara. Los chicos desde abajo, gritaban y daban ánimos, pero sólo cuando escuchaba la canción que yo le susurraba tenía las fuerzas suficientes para saltar, eso sí, con los ojos cerrados.

¿Sabes cuando algo te evoca felicidad? ¿Un olor, un color...? En Chicken City y en particular para mí y mi banda, ese algo, era una canción. Cuando éramos unos huevos ya casi hechos y faltaban sólo unos minutos para poder salir, esa canción llegó al gallinero. Más tarde supimos que la iba cantando un Ford, un habitante de la carretera, que paró justo delante de Chicken City en esos momentos.

La canción, pese a que procedía de un ser siniestro y peligroso, era dulce y positiva, hablaba de buscar el lado amable de la vida y de disfrutar cada momento. Ese sonido nos dio la fuerza necesaria para romper el huevo y dar el salto al exterior. Gracias a ella dejamos nuestro hueco de bienestar y decidimos adentrarnos en un mundo completamente nuevo, que más tarde convertimos en nuestro nuevo hueco de bienestar. Y aunque a Feary le costó salir, la canción tuvo la fuerza necesaria para sacarla y animarla a explorar lo que existía fuera del huevo. Por eso siempre la utilizaba para animar a cualquiera de nuestro grupo que sintiera miedo o cuando estaban intranquilos. Esa canción siempre fue importante en nuestras vidas, pero gracias a un suceso que días más tarde ocurrió, nunca jamás podré olvidarla.

Como veis, la vida en Chicken City era genial. Todo lo que podías pedir lo encontrabas a tan sólo unos metros de distancia. Únicamente existía un inconveniente: la fábrica.

De todos los rincones que existen en la ciudad, sólo hay una parte que no me termina de encajar, la fábrica. Las gallinas de todo el corral deben ir hasta ella a poner huevos siempre que el cuerpo se lo pide, es decir, prácticamente siempre. Esta tarea, propia de mi especie, no me incomoda demasiado. Pero la sensación de ver cientos de gallinas, sin particularidades especiales, sin ambición y sin vistas de mejora me sacaba de quicio. Claro, que esa sensación no podía exteriorizarla demasiado, si no el rumor llegaría a los gallos y entonces tendría problemas.

Los gallos eran los amos de todo lo que se movía por la ciudad. Si querías o necesitabas algo, se lo tenías que hacer saber a tu gallo supervisor. Éste entregaba tu solicitud al gallo jefe, que, en consejo semanal, lo exponía ante Scarpeak, *il gallo dei galli*. Una figura terrible, al que sólo le interesaba el número total de huevos que se habían puesto a la semana y su tamaño. Cuando mi madre nació, ya ocupaba ese puesto y algunas gallinas mantenían que siempre había estado ahí, eterno e imperturbable. Incluso se decía que los gallos eran de una raza superior y que podían vivir cientos de años.

Los gallos consideraban a las gallinas como seres limitados, carentes de inteligencia e iniciativa y sin capacidad de organización ni visión global de la situación. Por ello habían decidido que el poder debía estar en sus espolones. O eso fue lo que pasó al principio de los tiempos, cuando nuestras antepasadas, cedieron el control del corral dejándolo en los alineados plumajes gallunos. Realmente no puedo imaginar Chicken City sin los gallos. ¿O sí?

CAPÍTULO DOS

Soy especial

<< Entre hombre y hombre no hay gran diferencia, la superioridad consiste en aprovechar las lecciones de la experiencia >>

Tucídides

Capítulo dos

Soy especial

«Entre hombre y hombre no hay gran diferencia. La superioridad consiste en aprovechar las lecciones de la experiencia.»
Tucídides

Siempre fui especial. Nada más salir del cascarón dije pío y cuando mi madre me contestó «coc-coc-coc-coooc», le pregunté «¿y por qué no dices pío?».

Mi insaciable curiosidad la llevó a pensar que era probable que durante mi incubación alguien le hubiera cambiado los huevos por los de cualquier otro pájaro extraño como un cuco o un grajo.

Preguntaba constantemente: cada cosa, cada detalle... Cada gesto o cada frase debían ser analizadas y comprendidas por mi pequeña cabecita. No era una empollona, ni tampoco una sabihonda, simplemente, la curiosidad me podía. Necesitaba saber.

Cuestionaba todo, a cada momento. En la escuela era igual, desde el primer día de clase cuando la profesora Teachy dijo, «Nacemos en unos huevos blancos...» yo ya respondí que si estaba segura que eran completamente blancos. Es más, que si podíamos considerarlos blancos aunque no lo fueran. Y los huevos marrones, ¿son huevos? Todas estas preguntas ponían histérica a nuestra profesora, que terminó el curso con bastantes menos plumas por culpa del estrés.

El director del colegio, así como las madres de mis amigas, me daban por imposible. Cosa que hacía pasarlo muy mal a mi pobre madre que me preguntaba una y otra vez «¿Por qué no puedes ser una gallina normal?».

Por eso, harta de que la mirasen por la calle y la señalaran con el dedo, decidió llevarme a una psicóloga de mi especie para que evaluara mi *problema*. Estaba totalmente convencida de que algo debía de andar mal en mi plumosa cabecita. La psicoanalista era una tipa peculiar, llegada a Chicken City desde los fastuosos prados de la Pampa Argentina. Yo no tenía ni idea de lo que era Pampa, ni de lo que era Argentina, pero le encantaba repetirlo una y otra vez. La Sra. Freudy me sentó en un fardo relleno de paja que había hecho que le fabricasen a medida y con el que, según ella, conseguía que las gallinas perdiéramos los miedos y prejuicios y le contásemos nuestros más profundos pensamientos. Era famosa en el gallinero y todas las gallinas hacían cola para hablar con ella gracias a su compromiso con el secreto profesional. Era un gusto poder contarle a alguien lo que te preocupaba sin temer que todo el gallinero se enterase minutos después. La Sra. Freudy trajo a Chicken City las más avanzadas herramientas de evaluación, especialmente el famoso test de pluma-Rorschard.

—¿Vos que ves en esta lámina?—dijo con un tono muy cálido.

—Una mancha de mierda —respondí.

—¡Qué boluda! Claro que son manchas de mierda, ¿de qué pensabas que serían, de tinta? ¡Por Caponata, que esto es un gallinero! Se supone que vos tenés que decir qué te sugieren la forma que tienen, no la materia en la que están fabricadas.

—¡Ah, vale! Veo una mariposa —contesté rápidamente.

—¿Y en ésta? —sacando otra pluma.

—¡Una gallina cruzando una carretera! —le dije emocionada.

—¿Y en ésta?

—Una gallina con mucho plumaje.

—¿Y aquí?

—Una gallina dirigiendo una granja.

—¡Santa Gallina Turuleta! Con esto ya me vale. Haz pasar a tu madre.

La Sra. Freudy sacudía su cabeza como si fuese un caso perdido, mientras mi madre pasaba con una carita de susto que no se podía aguantar. No en balde se llamaba Agorina. Mi abuela le supo leer la primera expresión de su faz y decidió llamarla con un nombre que hiciera referencia a su tendencia hacia el fatalismo.

—Doctora, dígame sin tapujos qué le ocurre a mi nena —balbuceó mi madre.

—Su hija está fatal de lo suyo —dijo con el semblante muy serio. Más tarde aprendí que eso no era tan grave como parecía, porque en el fondo todo el mundo anda mal de lo suyo. Lo malo es andar mal de lo tuyo y de lo de los demás. —Tiene el síndrome de la gallina emprendedora también conocido como síndrome del culo inquieto —remató la doctora.

—¡Oh, suena fatal! —acertó a exclamar mi madre mientras se derrumbaba ante aquel terrible diagnóstico.

—Es un caso rarísimo, digno de estudio. Sólo recuerdo el caso de una gallina que lo sufrió en los años ochenta, y que empezó a poner unos huevos que tenían una sorpresa en su interior. ¡Qué locura! Murió extenuada al poner un huevo que contenía de sorpresa un *trailer*.

Tras salir de la consulta, mi madre pensó que lo mejor era negar la evidencia y para ello se escudó en el lenguaje. Desde aquel día empezó a referirse a mí como «la que es como es». Parecía mágico, era decir esa frase y todas sus amigas asentían comprendiéndola. «El otro día —explicaba mi madre— pasamos frente al mercado de grano y a Popeya, que la pobre es como es, sólo se le ocurre decir ‹¿Por qué tenemos que pagar por el grano que nos regalan los humanos a los gallos y no les cobramos a ellos por nuestros huevos?›».

Sorprendida en mi habitación escuchaba cómo sus amigas se reían y la consolaban diciendo, «verás cómo se le pasa, ha salido rarita, pero ya encontrará un gallo que le ponga los pies en el suelo». Si yo fuera como mi madre, pensaría que el pasado te condiciona toda la vida. Sin embargo, yo no dejé que una etiqueta me limitara la mía e ignoré el diagnóstico de la psicoanalista.

Las etiquetas sólo tienen sentido en los tarros de mermelada pero no en las especies vivas. Si me lo hubiera creído como una verdad absoluta, sin darme cuenta, yo misma hubiera ido creando situaciones absurdas que confirmaran que realmente tengo un síndrome de esos. Estaría tan nerviosa pensando en lo rara que soy que haría tonterías que me confirmarían que verdaderamente soy rara. Y es que la profecía autocumplida, eso de que las expectativas funcionan como profecías que pueden convertirse en realidad, está a la orden del día. Es triste, pero es así. Es fácil dejarse llevar por creencias autolimitantes que te cortan las alitas y te impiden volar.

Desde entonces acepté mi situación. Soy diferente. Y lo digo con orgullo, debemos cuestionarnos los patrones establecidos. ¿Por qué algo está bien porque la mayoría lo haga o diga? Duda, vive y serás feliz.

CAPÍTULO TRES

Soy líder

<< La función del líder es producir más líderes, no más seguidores >>

Ralph Nader

Capítulo tres

Soy líder

«La función del líder es producir más líderes, no más seguidores.»
Ralph Nader

Sentirse diferente te puede acarrear problemas, pero piensa que en realidad, todos somos diferentes. De una u otra forma, nuestro físico, nuestras habilidades y nuestras capacidades nos identifican y hacen únicos. En tu mano está seguir desarrollándote.

Estaba pensando una mañana en esto, justo después de haber sido expulsada de los *cock-scouts* por no querer ejercer de enfermera y usar el rol de jefe de cuadrilla, cuando unos metros más allá vi aparecer a Bravy. Estaba triste, notaba cómo sus alas estaban sin fuerza, las comisuras de su pico se iban hacia abajo y sus ojos comenzaban a cristalizarse.

—Hola Bravy, ¿qué te pasa? —dije con un tono conciliador.

—Nada —contestó sollozando.

Me senté a su lado sin decir nada, esperando que ella se sintiera preparada para contármelo y así fue. Apenas hicieron falta unos segundos.

—No puedo ser siempre la gallina fuerte que todos esperan. ¿Acaso debo seguir ocupando ese rol? ¿O me da miedo acabar siendo señalada como mi madre? —me dijo mientras comenzaba a llorar.

—Bueno Bravy, ¿acaso te sentirías mejor siendo una gallina normal del corral? —respondí.

—Tampoco es eso, sólo querría de vez en cuando pasar más inadvertida y no levantar tanta expectativa.

—¿Por qué crees que la gente señala a tu madre y muy posiblemente a ti?

—No sé... supongo que... porque somos diferentes.

—¿En qué te sientes diferente? —seguí preguntando.

—Me planteo cosas que el resto de gallinas no. Por todas es conocida la declaración de guerra que mi madre hizo a la fuerza bruta de los gallos y que por supuesto, yo voy a seguir reivindicando.

—Me parece muy bien —le contesté.— ¿Qué estas comiendo?

—Un tomate —dijo sorprendida.

—Te voy a contar una historia que espero que te sirva...

»Hace muchos, muchos años, en la huerta del Señor Sol, había una infinidad de vegetales y frutas. Había manzanas, peras, espárragos, patatas... pero sin duda alguna, el preferido del Señor Sol era el pepino. Le gustaba por su sabor dulce, su textura y por ese corazón súper sabroso. Comía pepinos a todas horas y éstos estaban encantados de ser los reyes de la huerta. No sólo por saberse los elegidos, sino también porque eso significaba el riego con el manantial más puro, y el mejor alimento con los abonos más ricos en sustancias para ellos y sus descendientes.

»Una mañana, Tom, un joven pepino, pensó en hacerle un regalo al Señor Sol. ‹Voy a ser especial› se dijo ‹voy a ofrecerle, para que compense a toda mi familia, una nueva forma. Esa forma que tienen sus amigas las estrellas›.

»Sin perder tiempo, el pepino Tom comenzó a concentrarse. ‹Quiero ser una estrella› se decía una y otra vez, ‹quiero ser una estrella›. Pasaron los minutos, las horas y llegó la noche. Tom cada vez más concentrado y con mayor esfuerzo, gastaba toda su energía imaginando cómo se desarrollaría un brazo, después el otro... y así hasta cinco. El Señor Sol iba a estar orgulloso de su nuevo pepino estrella.

»Llegó la mañana y cuando todos los pepinos se levantaron, vieron en el horizonte una figura extraña. Algunos se acercaron para ver qué era y se sorprendieron al descubrir a Tom con los ojos cerrados. Diciéndose una y otra vez, ‹quiero ser una estrella, quiero ser una estrella›. Nadie daba crédito a sus ojos, estaba casi exhausto, pero Tom había cambiado. Ya no era el mismo, realmente cambió su forma.

»Entre el murmullo de pepinos, puerros y lechugas que allí se agolpaban comenzó a escucharse una risa. Contagiándose de ella toda la huerta se rió sin parar. Tom no lo entendía, ¡si había conseguido cambiar su forma! ¿Dónde estaba el problema?

»Tras unos minutos se acercó al riachuelo cercano y comprobó que toda su energía y tanto esfuerzo habían conseguido hincharle y ponerle rojo.

»Tom no daba crédito, se había convertido en algo horrible, él quería ser una estrella y se había convertido en una bola... Pero antes de que se pudiera esconder en lo más profundo de la huerta, apareció el Señor Sol. Extrañado observó a Tom. Lo cogió, le separó de su mata, lo volvió a revisar, pasaron unos segundos y entonces, cuando nadie se lo esperaba, se lo metió en la boca. Los pepinos pensaron que aquel era su fin, adiós a los privilegios, por culpa de la ofensa de Tom que mancharía el buen nombre de los pepinos. De repente la cara del Señor Sol, comenzó a cambiar.

»La textura de la piel, al expandirse, era mucho más fina y más sabrosa que la de los pepinos. Su pulpa, debido al gran esfuerzo, se había convertido en un enorme corazón con cientos de semillas dulces y suculentas. El Señor Sol sonrió y dijo, ‹es una pena que no haya más de este manjar›, y volvió a casa.

»Es por esto que si te fijas bien, al caer el sol, se puede observar a los pepinos concentrándose y diciéndose unos a otros ‹quiero ser una estrella, quiero ser una estrella›. Todos querían convertirse ahora en tomates, como Tom, pero sólo unos pocos, los que realmente fueron perseverantes y actuaron de buena fe, llegaron a serlo.

—¿Qué te ha parecido? —le pregunté a Bravy.

—Me siento como Tom —dijo apresurada.

—¿En qué sentido?

—Ahora entiendo que debo ser yo la que lidere el cambio en el gallinero, se debe terminar con la opresión de los gallos. Pero nadie nos va a regalar nada. No sólo no nos apoyarán sino que además algunas de las nuestras intentarán ponernos trabas, pero lo realmente importante es desear hacerlo por encima de todo. Ese es mi objetivo y voy a conseguirlo.

En ese momento Bravy se levantó completamente vigorizada. Su rostro reflejaba la satisfacción. Sus pupilas sonrosadas y su pico sonriente lo dejaban claro. «Gallos, preparaos, Brave ha criado a una buena gallina y ésta viene a daros caña».

Aún se me dibujaba una sonrisa viendo cómo Bravy corría hacia el corral cuando de repente una voz me sorprendió: «Bravo, Popeya».

La duda quedó disipada de manera inmediata al ver su figura grisácea, el pecho blanco y sus plumas de colores. ¡Era Parrot Jones! Comencé a caminar disimuladamente hacia el corral, pero luego pensé, ¿por qué me ha felicitado? Y lo más raro ¿cómo es que sabe mi nombre?

—Tranquila —me dijo con voz suave, pero profunda.

—¿Por qué sabes mi nombre? —Aquella pregunta surgió de mi pico sin haberlo casi ni masticado.

—Todos sabemos tu nombre, eres la gallina más prometedora del corral. Aquellos que pensamos que las cosas pueden hacerse de otra manera, seguimos de cerca tu carrera.

—Gracias, pero... no sé bien a qué se refiere —dije tragando saliva.

—Verás, te lo explicaré. Cuando alguien a quien tú aprecias está con las alas caídas, tú le apoyas. Como hace un rato con Bravy. Cuando alguien necesita fuerzas para continuar, tú se las insuflas. Como a Feary en eso que llamáis caída libre. Y cada vez que descubres potencial en alguien intentas desarrollárselo y que alcance metas insospechadas incluso para ellos mismos. Eso, querida amiga, es ser una líder. Claro que aún te faltan habilidades que desarrollar pero tu curiosidad, tu persistencia y tu corazón, conseguirán hacer de ti una gran líder.

—Pero Parrot, ¿para qué? —pregunté.

—Eso tendrás que descubrirlo tú, una gran líder tiene un gran poder y todo gran poder, conlleva una gran responsabilidad —dijo Parrot Jones mientras se alejaba hacia el corral citando a Ben Parker.

—¿Podré visitarte en la Tasca y seguir charlando?

—Siempre serás bienvenida Popeya, me vendrá muy bien charlar con alguien como tú.

CAPÍTULO CUATRO

Soy proactiva

<< Excava el pozo antes de que tengas sed >>

Proverbio Chino

Capítulo cuatro

Soy proactiva

«Excava el pozo antes de que tengas sed.»
Proverbio chino

Aquella noche casi no pude dormir pensando en la conversación que había tenido con Parrot. Es fascinante comprender la importancia de lo que proyectas en los demás, pero más fascinante es poder recibir *feedback* (información sobre cómo te ven los demás) para corregir o reorientar posibles conductas poco desarrolladas, ¿no crees?

El primer día que hablamos te preguntabas con gesto de curiosidad quién era yo y cómo había tenido la idea para alcanzar mis metas y establecer mi empresa, de dónde había surgido el coraje para «cruzar la carretera». No adelantemos precipitadamente los acontecimientos y sigamos con la narración de mi historia.

Como ya te comenté, el inconveniente de Chicken City era la fábrica. Bueno, la fábrica y la eterna hegemonía de los gallos.

Al ser gallinas ponedoras, debíamos ir a la fábrica como mínimo una vez al día. En principio eso no es mucho pedir, si no fuera porque se nos controlaba el tamaño de la puesta. Si el huevo era de tamaño M, el gallo supervisor marcaba un aviso en tu expediente. Si eso se repetía durante más de tres días consecutivos, te obligaban a someterte a una dieta de grano especial, bueno, yo diría especialmente asqueroso. Y no te permitían comer nada más que eso. Todo con el único fin de conseguir recuperar el tamaño de tus huevos.

El problema surge cuando tu cuerpo está diseñado para el tamaño M y te exigen un tamaño L o XL, no te puedes imaginar el calvario que pasas. Sobre todo al principio. Luego te acostumbras, o eso dicen las gallinas más veteranas, aunque yo creo que en el fondo es para no sentirse tontas por aceptar semejante tiranía.

Durante la época de mayor puesta de huevos, las gallinas solemos poner uno al día durante siete días consecutivos y descansamos uno o dos para estar de nuevo preparadas y poder comenzar la serie de nuevo.

Pero Scarpeak sólo nos permitía descansar un día. Eso me parecía una injusticia, si necesitas dos días de descanso qué menos que tenerlos. Y más si estás produciendo huevos L o XL. Me hace gracia volver a oír salir de mi pico la palabra injusticia. Recuerdo perfectamente ese día, estaba en la tasca hablando con Parrot Jones...

—¡Hola Popeya! ¿Te pasa algo? ¡Parece que echas humo!

—¡Hola Señor Jones! —dije aún sorprendida por mantener una relación cordial con Parrot –Ayer, como sabe, tuve una larga conversación con Bravy y se ve que cogí frío. He pasado una noche de perros sin pegar ojo.

—¿Has ido a ver a la Señora Curie?

—Sí, esta mañana, fui para que me indicara qué tomar. Por cierto, aunque las hierbas que me ha recetado están requetebuenas, he seguido teniendo una puesta M. El supervisor me ha llamado para ver qué pasaba, ha sido un borde. Ya me veo tomando el asqueroso grano especial. Puajj.

—Pero ¿qué es lo que te tiene así de cabreada? ¿el estar enferma, el haber puesto un huevo M, que te lean la cartilla...?

—Estoy enfadada porque no me parece justo que tengamos que poner huevos grandes por narices. Lo mire por donde lo mire, me parece una tremenda injusticia —repliqué con un mosqueo evidente.

—La señorita Popeya se enfada porque está incurriendo en la falacia de la justicia —dijo mientras se agachaba a poner dos tapones de agua.

—¿Qué es eso? —pregunté extrañada.

—Ya me imaginaba que me iba a caer esa pregunta.

—Es evidente que me conoces muy bien —respondí sonriendo.

—Pues sí, además desde que eras un huevo inquieto. Ayer pude comprobar que te gustaba contar historias, a ver si esta te puede ayudar a ti, ¿de acuerdo? —y comenzó a contar...

«Un tigre y una cebra pidieron audiencia urgente al rey de la selva. El león no sabía a qué se debía tanto revuelo y accedió al encuentro en su sala real.

Empezó a hablar el tigre; ‹Señor estamos ante la más grande de las injusticias, la cebra me amenaza con que si la como, toda su prole vendrá a matarme. Pero, si yo no la como, me moriré de hambre y falleceré. La cosa en la selva no va muy bien y hay pocos animales a los que hincar el diente, así que degustar una cebra me supone varios días de descanso de caza. Créame si le digo que eso es muy agradecido a mi edad. Yo simplemente quiero vivir›.

El león con un golpe de cabeza dio el turno a la cebra. ‹Señor, soy madre de tres cebritas preciosas, trillizas para más señas. Mi vida es especialmente dura desde que nacieron. Soy cebra soltera... Fue un desliz producto de mi juventud, pero ahora soy una cebra muy responsable, y tengo la obligación de vivir para criar a mis nenas. ¡No es justo que venga el tigre y me coma! Yo simplemente quiero vivir›.

El león se rascó la barba por unos instantes antes de pronunciar la primera palabra, finalmente soltó aire por los agujeros de su nariz de forma parsimoniosa y arrancó su discurso ‹Señor tigre, señorita cebra —su voz sonó muy solemne— ‹venís a mí a la espera de una justicia universal. ¿Todavía no os habéis dado cuenta de que eso no existe? Podemos sentarnos ahora y acordar que los tigres tienen todo el derecho del mundo de comerse a las cebras, o podemos sentarnos y acordar que las cebras son el único animal que no pueden ser comidas por los tigres. Simplemente podemos llegar a acuerdos que nos hagan más fácil la convivencia.

Pero si lo que buscáis es un código universal que indique preferencias personales os equivocáis. Lo que para uno es justo para el otro puede ser la mayor de las injusticias y viceversa. Si miráis únicamente bajo vuestro prisma, sin tener en cuenta a los demás y al ambiente, podéis tener ideas de injusticia que os lleven a enfadaros a cada segundo. La realidad no se ajusta a vuestros deseos o preferencias de justicia. Y eso es porque la realidad no está diseñada a nuestro gusto sino a su propio gusto.

No esperéis que salga de mi boca, lo justo es que viva el tigre o lo justo es que viva la cebra. Los dos queréis vivir. Sólo os puedo sugerir que os olvidéis de una justicia universal inexistente y que hagáis un pacto de no agresión entre vosotros dos›.

Y así fue cómo en ese mismo lugar la cebra soltera y el tigre vetusto hicieron un pacto de no agresión entre ellos. Y como la cebra era más lista que el hambre le pidió al tigre que fuera el padrino de sus nenas para asegurarse, por el mismo precio, la supervivencia de las trillizas. Y todos contentos volvieron a su trocito de selva a seguir viviendo».

—¡Vaya! —exclamé con el pico aún húmedo del agua.

—¿Qué te sugiere la historia? —preguntó Parrot mientras daba un trago del mejor agua de manantial de la comarca.

—¡Gracias, este agua está de vicio! Pues... me doy cuenta de que no conozco las presiones a las que está sometido Scarpeak. Ni las presiones a las que están sometidos los supervisores, y que tal vez si las conociera, no concebiría esta situación como tan tremendamente injusta. Conocer las motivaciones de los demás ayuda a relativizar las injusticias. Y si algo no me gusta en vez de enfadarme, a partir de ahora, crearé una alternativa a ello.

—¡Chica lista! —dijo Parrot orgulloso.

—Lo acabo de decidir. Crearé una nueva forma de trabajar. Creo que la fábrica podría funcionar mejor cambiando algunas variables.

—Me parece una idea estupenda, si alguien puede diseñar una nueva forma de trabajar esa eres tú. Pero ya sabes que yo soy un admirador tuyo y no tienes que dejarte llevar por mi entusiasmo. Estoy seguro de que los demás no te van a entender como yo. Hasta es posible que se rían de ti tachándote de excéntrica.

—Me da igual, señor Jones, lucharé. Estoy dispuesta a materializar mi sueño.

—Brindemos por ello... Y, chica, llámame Par.

—¡Salud! —dije mirando alrededor intentando contagiar mi alegría a la clientela de Parrot Jones. Sorprendida, contemplé que no había casi nadie en la Rasca Tasca.

–De pronto me encontré pensando acerca de aquella extraña coyuntura. ¿Cómo podía ser que siendo todos los factores externos favorables a Par, la clientela fuese disminuyendo por momentos? Su taberna está bien ubicada, es confortable y la decoración es agradable. Además su producto es lo mejorcito de la comarca... Me sorprendí a mí misma, indagando por la situación de un amigo, analizando sus puntos fuertes y posibles zonas de mejora.

Seguí pensando mientras salía de la tasca, observando a los alrededores y las gallinas que salían del local. Si todo está bien, ¿por qué no funciona? La duda comenzaba a pesarme demasiado. Par siempre me aconsejaba sabiamente y ahora era a mí a quién correspondía hacer lo mismo. ¿Por qué la clientela no volvía?

CAPÍTULO CINCO

Soy positiva

<< Caer está permitido, levantarse es obligatorio >>

Proverbio Ruso

Capítulo cinco

Soy positiva

«¡Caer está permitido, levantarse es obligatorio!»
Proverbio ruso

Apenas habían pasado unas horas, cuando paseando encontré la solución y me dirigí todo lo rápido que pude a ver a mi amigo Par. Me sentía feliz por poder ofrecer mis ideas a Parrot Jones en su negocio. Nunca había ayudado a nadie a ese nivel. Sí, aconsejaba habitualmente a mis amigos en cuestiones personales, pero esto era diferente. Los últimos días en la granja realmente estaban haciendo de mí una gran gallina.

No quería que Par me encontrase demasiado emocionada, así que respiré, me tomé mi tiempo y entré tranquilamente a la Tasca. Sonreí, me acerqué a Par y le dije con cierto tono de curiosidad...

—Hola Par, ¿te puedo hacer una pregunta?

—Hola de nuevo Popeya. Me puedes preguntar lo que quieras —dijo con complacencia.

—¿Por qué hay tan poca gente en la Tasca últimamente?

—Bueno, la verdad es que creo que dicen que soy un loro malhumorado y no les debe apetecer verme.

—Vaya, ¿me permites que ahora te ayude yo a ti?

—Te lo permito, aunque no sé si me va a gustar mucho lo que me vas a decir.

—Haz el esfuerzo de escucharme, *porfi* —supliqué.

—Cuenta con ello —asintió Parrot mientras sonreía con esperanza.

—La conducta está fundamentalmente regida por las consecuencias que la siguen. Si las consecuencias de lo que hacemos son positivas tendemos a repetir esa conducta, pero si son negativas, tendemos a dejar de hacer eso. ¿Lo entiendes?

—¡Sí, señorita listilla! Vamos, que lo que nos gusta lo repetimos y lo que nos disgusta, lo evitamos.

—Exacto. Veamos Par, ¿por qué trabajas en la tasca?

—Porque me proporciona el grano suficiente para vivir con comodidad —contestó seguro de lo que decía.

—Muy bien, la conducta de ir a trabajar está en tu caso reforzada positivamente por el grano que te dan a cambio.

—¿Reforzada positivamente? —preguntó extrañado.

—Bueno, tal vez me esté pasando con las palabrejas, pero en seguida lo vas a entender.

—Eso espero —dijo acomodando sus plumas en una silla cercana y prestándome toda su atención.

—¿Cómo se comportaban tus padres cuando tú eras pequeño y hacías una travesura? —proseguí con mis preguntas.

—Uff, ha pasado tanto tiempo... a ver... me castigaban sin salir a volar.

—¿Y cuando sacabas buenas notas?

—Eso no hace falta pensarlo mucho, me regalaban un juguete de paja.

—Pues entonces, ¿blanco y en botella? —concluí orgullosa.

—Cotorra-Cola.

—¡Ja, ja, ja! No me tomes las plumas que me pongo redicha —repliqué mientras hacía el gesto de estar partiéndome el buche—. Mira Par, las respuestas que conducen a consecuencias positivas se fortalecen. Por eso su probabilidad de ocurrir en el futuro aumenta. Tus padres te regalaban un juguete de paja porque querían reforzar una conducta positiva, la de estudiar para que sacaras buenas notas.

—¡Qué listos! Aunque por mucho que me reforzaran que estudiara matemáticas siempre fueron mi pesadilla.

—Para mí que las matemáticas fueron diseñadas para ser la pesadilla de un montón de aves. Pero no me distraigas de la explicación: Las conductas que conducen a consecuencias desagradables tienen menos probabilidad de ocurrir, y eso pasa porque son castigadas.

—Ya entiendo, querían que dejara de hacer travesuras y por eso me dejaban sin volar cada vez que hacía una de ellas. La cosa que más me gustaba, me la quitaban.

—Lo estás cogiendo, pero dejémonos de teoría y apliquemos esto a la tasca. ¿Crees que estás haciendo algo que les está funcionando como castigo a tus clientes?

—Déjame que piense... mmm, bueno, supongo que sí. —balbuceó con cara de pesar– Lo cierto es que grito mucho cuando algo no me gusta y he oído por ahí que mis gritos dan miedo.

—Siento decirte que no me extraña, te he oído gritar algún ‹¡me tenéis hasta las plumas!› que me ha dejado sin respiración. Sobre todo por la cara de perdonavidas que pones al decirlo. Si te digo la verdad, tu mal humor nos pone a la mayoría las plumas de punta.

—¡Cáscaras! No había caído en ello —dijo Par con cara de pura sorpresa—. Hasta ahora no me había dado cuenta de que mis gritos podían estar perjudicándome. Los clientes vienen a relajarse y yo les tenso. Por eso huyen de Rasca Tasca.

—Bueno, las pulgas saltarinas que a veces se encuentran en los asientos de fardos de paja tampoco ayudan mucho a que la gente se relaje —comenté aprovechando la situación.

—Como dice mi cocinera ¡oído barra! Añadiré pulguicida a los fardos. Además con las pulgas se irán también ‹mis malas pulgas›. Seré más amable con los clientes.

—¿Qué vas a hacer para ser más amable?

—Primero evitar los gritos.

Escuchando a Par estaba encantada, descubriendo que era mucho más inteligente de lo que parecía. Sin lugar a dudas, detrás de esa apariencia de animal malhumorado se escondía un loro intelectualmente brillante y de buen corazón.

—Vas por buen camino, sigue —dije animándole.

—Y después, sonreiré a la gente cuando entre en la tasca y cuando me pida una bebida. ¡Dientes, dientes!

—¿Dientes? Será pico, pico.

—Bueno, tú ya me entiendes. También se me ocurre que debería preguntarles ‹¿qué tal?›. A todos nos agrada que los demás se preocupen por nosotros. Y me aprenderé de memoria los nombres de los clientes más asiduos para que se sientan como en casa.

—Me parece muy buena idea lo de aprenderte sus nombres. Todos somos un poco Narcisos y nos encanta oír en pico ajeno nuestro propio nombre.

—¿Qué tal tu día Pop? —sonrió— Ya ves, estoy ensayando.

—¿Pop? No suena mal —dije con un rictus divertido—. Seré Pop para ti.

—¡Espera Pop, creo que hoy estoy iluminado! Se me está ocurriendo ahora mismo servir con cada bebida un mini cuenco con grano *Special rechupete*. Así se pedirán más bebida para obtener comida gratis. Un negocio redondo porque tengo un contacto, y el *Special rechupete* lo puedo conseguir a un precio muy económico. Y también puedo animar el ambiente las noches de los viernes contratando al cerdo de la charca que hace esas piruetas tan graciosas. Instalaré un cajón con lodo en esa esquina para que pueda hacer su *show* —dijo mientras señalaba sobreexcitado la esquina de mayor visibilidad del local.

—¿Qué te parece? —preguntó Parrot con las pupilas dilatadas de la emoción.

—Que tu tasca va a pasar de ser Rasca Tasca a Fiesta Tasca.

—¡Fiesta Tasca!... Eso suena a diversión a raudales.

De repente sonó la cortina de entrada de la tasca indicando que un cliente hacía su aparición. Par sonriendo dijo: «Buenas tardes Bob, ¿qué te gustaría tomar? —empezando a aplicar todo lo que acababa de aprender.

Le guiñé un ojo despidiéndome de él. Par me respondió con otro guiño mientras me decía adiós con la puntita de su ala. De camino a casa noté cómo una inyección de crecimiento personal se estaba colando por mi plumoso cuerpo. ¿Qué me depararía mañana?

CAPÍTULO SEIS

Soy quien decide mi objetivo

<< De nada sirve al hombre lamentarse de los tiempos en que vive, lo único bueno que puede hacer es intentar mejorarlos >>

Thomas Carlyle

Capítulo seis

Soy quien decide mi objetivo

«De nada sirve al hombre lamentarse de los tiempos en que vive. Lo único bueno que puede hacer es intentar mejorarlos.»
Thomas Carlyle

Hoy es el primer día de mi nueva visión del mundo. Hoy me parece todo mucho más radiante. Chicken City nunca ha estado más bonita que hoy. Mis plumas están esplendorosas, mi pico reluciente y tengo unas ganas de comerme el mundo que nada ni nadie puede con ellas. O eso, creía yo. Justo antes de salir por la puerta de casa recibí la citación para ver al supervisor. Vaya marrón, precisamente hoy tengo que dar explicaciones al gallo de turno, sobre por qué mis huevos siguen siendo talla M. Qué se le va hacer, así es la vida.

Al llegar a su despacho, me acerqué sigilosamente a la puerta cuando de repente, ésta se abrió de un golpe tremendo.

—¡¡Popeya Suprem!! —gritó alguien desde el fondo de la habitación— ¡Pasa ahora mismo!

—Ya... Ya voy, señor —dije amedrentada.

—¿Me puedes explicar qué pasó ayer?

—Ayer... Verá, es que estuve enferma... Y tuve que visitar a la señora Curie... —acerté a balbucear— Pero no se preocupe, hoy tengo la impresión de que pondré un L. Qué digo un L, un XL... Y qué digo un XL, un XXL....

—¿Acaso te estás quedando conmigo? —gritó cortándome— El huevo que pusiste ayer era distinto. Al parecer, sabía raro. O eso comentaba el granjero esta mañana al recoger los de hoy. Y encima venía buscando más.

—¿Distinto? ¿Cómo de distinto? —pregunté curiosa.

—¡Sabía a finas hierbas! Por el amor de Caponata, esta fábrica lleva poniendo los mejores huevos XL de toda la comarca muchos más años de los que tú y tu familia podéis tener juntos. Y cuando nuestra mayor y única preocupación era que vosotras, las ineptas de las gallinas, pusieran siempre huevos de una talla superior, ahora vas tú y te pones creativa. ¡Quiero que sea la última vez que se te pasa por la cabeza poner otro huevo así! —Y siguió cacareando cada vez más fuerte— ¿Lo has entendido o tengo que hacerte un croquis? Pequeña bola de plumas totalmente inservible y necesitada de...

—¡Espere un momento! —salté de mi asiento de paja amoldado por los cientos de gallinas que anteriormente habían tenido que soportar esos insultos— Por lo que dice, ayer hice algo que podría revolucionar el sistema de la fábrica. Sólo con tomar perejil, perifollo, cebollino y estragón, plantas totalmente inocuas para nosotras, conseguiríamos fabricar huevos con sabor a las finas hierbas. Sin importar el tamaño nunca más. Podríamos poner huevos M y que fuesen únicos y más apreciados que los famosos XL. Las gallinas por fin podrían vivir dignamente gracias al reconocimiento del sector y no harían falta gallos que nos chillasen y nos presionasen, pendientes del volumen de nuestros huevos, ya que nuestro producto tendría una oferta de valor añadido insuperable y...

—¡Jajajajaja! —rió el supervisor cortando mi discurso triunfal— ¿Una fábrica sin gallos? ¿Huevos a las finas hierbas? Tú, pequeña, estás loca. Cógete el día libre y vete a ver a la Doctora Curie a ver si te puede curar lo que sea que te pase».

Aún le escuchaba reírse mientras avanzaba por el pasillo que salía de la fábrica. ¿Realmente estaba tan loca al pensar que habría encontrado una solución válida que haría la vida más fácil a todas?

—¡Popeya! —Un grito interrumpió mis pensamientos.

—¡Vaya!... Y ahora ¿qué pasa? —refunfuñé mientras imaginaba que el supervisor venía otra vez a reírse de mi idea.

—Espera Popeya, soy Roosty.

—¡Hola campeón! —le grité apresurándome a darle un abrazo.

—Vaya, Popeya, imaginé que estarías alicaída después de la bronca del supervisor —comentó extrañado— ¿qué ha pasado?

—Roosty, el final de nuestras pesadillas ha llegado. Creo que tengo la fórmula —dije ansiosa—. He descubierto cómo producir un huevo exclusivo, en el que el valor no está en su tamaño sino en otra cualidad: el sabor. Verás —continué con mis explicaciones— sabes que casi la totalidad de los humanos aprecian en gran valor un sabor llamado ‹finas hierbas› ¿verdad? ¿Te imaginas qué pasaría si hubiese descubierto la forma de fabricar huevos con ese sabor? Y mejor aún, ¿Sabes qué pasaría si las gallinas se enterasen de que poniendo huevos M con ese sabor, ganarían más grano y sufrirían menos en el proceso?

—Pues supongo que sería maravilloso que eso fuera cierto Pop pero, mira, ¿has pensado en las adversidades? No creo que te resulte fácil.

Seguimos toda la tarde hablando sobre ello, y tras comprobar una y otra vez la situación global decidimos que encontraríamos los siguientes problemas: por un lado, los gallos no nos iban a permitir fabricar así como así y hacerles competencia, por otro lado, contábamos con la ventaja de que no nos tomarían en serio. Además teníamos el problema que tan certeramente explicaba K, el gran filósofo de *Men in Black,* «el individuo es inteligente, pero la masa le vuelve estúpido». En definitiva, se trataba de trazar un plan de comunicación eficaz para que todas las gallinas se enterasen del proyecto. Teníamos un último e importante problema: el espacio. Por suerte no necesitamos maquinaria, ni unas instalaciones demasiado sofisticadas, pero está claro que aquel lado de la granja pertenece a Scarpeak.

Roosty y yo comenzábamos a bajar nuestras crestas entristecidos cuando Parrot Jones apareció, volando.

—¿Sabéis chicos? Son increíbles las vistas que ofrece la altura, en ocasiones, necesito alejarme de la situación para poder ver desde otra perspectiva los problemas. ¿Sabes Pop? Llevaba horas buscándote para darte las gracias por los consejos de ayer, parece mentira que una jovencita me pueda aún hacer ver esas cosas.

—Gracias a ti Par —dije entusiasmada— Acabas de derribar una gran barrera hacia mi objetivo.

—No entiendo nada —afirmó mientras se rascaba su cabeza.

Me apresuré a contarle toda la idea y cómo lo visualizaba en mi cabeza. Cómo sería la fábrica, dónde poner los cuencos con las hierbas necesarias... Hasta de qué color serían las cestitas donde poner los huevos. Podía verlo todo claramente. El número de gallinas que harían falta, los turnos de puestas, los terrenos para plantar nuestras propias hierbas y así asegurarnos que nunca nos faltasen..., como os he dicho, lo veía todo claramente.

—Has descubierto tu verdadero objetivo —sentenció Par emocionado.

—¿De verdad cree que podrá hacerlo señor Jones? Yo no las tengo todas conmigo con esos prepotentes gallos rondando por aquí —comentó un asustado Roosty.

—Roosty, creo que estás vertiendo tu propia inseguridad sobre Popeya y eso se llama proyección. Debéis intentar no desarrollar nunca este hábito porque si no os perderéis enriqueceros, con casi total seguridad, de las experiencias de los que os rodean.

—Sí pero, aunque quizá yo esté de acuerdo en que esta idea tiene mucha creatividad y resuelve muchos problemas, no encuentro forma de ayudar a Popeya a conseguirlo. Me encantaría plantarles cara a los gallos y que respetasen su opción. Me encantaría estar en este proyecto, pero dudo mucho que encuentre las fuerzas necesarias para ello.

—Bien Roosty, escuchemos a Popeya, ¿qué crees que ayudaría en este momento a tu amigo? —me preguntó Par con los ojos muy abiertos.

—A ver... Supongo que... Ya está Roosty. He encontrado tu baúl de las fuerzas.

—Jajaja —rió Roosty— ¿mi baúl de las fuerzas?

—Sí —dije con seguridad y energía— verás. Contéstame, por favor, ¿alguna vez en el pasado te has sentido como te sientes en estos momentos?

—Sí, pero no entiendo...

—Por favor, sólo contéstame. ¿Cuándo fue? ¿Podrías recordarlo?

—Me da un poco de vergüenza pero allá va. Recuerdo que hace unos meses, cuando coincidimos en clase, a las pocas semanas de salir del cascarón, durante semanas estuve contando a mis padres que mis amigos eran los gallos más fuertes y grandes del cole. Sin embargo, según se afianzaba nuestra relación, tuve que contar a mis padres que mis verdaderos amigos, se llamaban Feary, Popeya y Bravy y que por supuesto, eran gallinas.

—¿Qué hiciste para superar ese pensamiento negativo?

—Me armé de valor, pensé en lo que iba a decir, escribí todas las cosas positivas que vuestra amistad me ofrecía y con calma, esperé el momento preciso, reuní a mis padres y se lo conté. La verdad es que fue bastante bien, nunca habría imaginado que se tomaran tan tranquilos esa decisión. Son geniales.

—Y ahora piensa, ¿qué parte de mérito tienen tus padres y qué parte tú? Y lo más importante, si ya has superado satisfactoriamente una vez esta situación, ¿qué te impide volverlo a hacer? ¿Acaso no conoces las herramientas necesarias? Es ahí donde guardas tu baúl de las fuerzas. Sólo debes ir a buscarlo, abrirlo y cargarte de ellas de nuevo.

—Vaya Pop, en ocasiones me das miedo —contestó un pensativo Roosty— Pero ¿sabes qué te digo? Que tienes razón. El que algo quiere, algo le cuesta. Debo tomar las riendas de esta situación y ser más listo que ellos. Vamos, que para algo soy el gallo de esta banda.

—Jajajaja —nos reímos los tres al unísono.

Mientras escuchaba a un Roosty decidido, me vino de nuevo a la cabeza lo que Par había comentado sobre alejarse de los problemas y tomar otra perspectiva. Entonces lo vi claro y con total determinación dije en voz alta:

—Ya sé dónde construiré mi granja: al otro lado de la carretera.

Par y Roosty dejaron de reír y me miraron preocupados. De hecho puedo reproducir el siguiente ruido que hicieron ambos a continuación.

—¡*Glub*!

CAPÍTULO SIETE

Soy quien elige ser feliz

<< Estando siempre dispuestos a ser felices, es inevitable no serlo alguna vez >>

Blaise Pascal

Capítulo siete

Soy quien elige ser feliz

«Estando siempre dispuestos a ser felices,
es inevitable no serlo alguna vez.»
Blaise Pascal

Han pasado algunos días y se nota a cien leguas que el viejo Parrot Jones está muy excitado. No deja de moverse de un lado a otro de la tasca sin un aparente fin práctico. Y es que hoy por fin es viernes noche, y no uno cualquiera. Hoy es la gran inauguración de la Fiesta Tasca.

Dicen que envejece aquel que no tiene proyectos vitales. Debe ser así, porque últimamente el vetusto Parrot desprende jovialidad por cada uno de los cañones de su plumosa piel. Un cartel en la entrada de la Fiesta Tasca anuncia que a las nueve de la noche, en punto, el cerdito Porky Donky y su hermano Deep Voice inician la temporada de espectáculos del local.

Miré alrededor comprobando que, sin lugar a dudas, la actuación había despertado muchísima expectación. Casi todas las mesas estaban llenas de aves ávidas de diversión. Sentados en torno a la mejor de ellas nos encontrábamos nosotros. Digo nosotros porque estaba la pandilla en pleno. Todos quisimos apoyar la nueva apuesta del loro gris.

Tengo a Roosty y a Bravy a mi derecha, a Feary a mi izquierda, y a Corsety en frente. Nuestras miradas delataban que cobijábamos unas increíbles ganas de pasarlo bien. Nos callamos al oír por el altavoz el inicio del espectáculo. La voz de Par, un tanto impostada, anunció:

—Aves de todo Chicken City, ha llegado el momento que estaban esperando, la nueva y mejorada Fiesta Tasca tiene el orgullo de presentarles... Al gran humorista del lodo... Con ustedes... Porky Donky.

Se escucharon los aplausos iniciales. Tras éstos apareció el cerdito saludando al público mientras fingía una caída en el lodo de lo más hilarante. Una y otra vez se caía y levantaba de mil maneras distintas, y con cada caída que ejecutaba, superaba siempre la gracia de la anterior. Me atragantaba al beber mi batido de lombrices tropicales pues no podía parar de reír ni siquiera mientras bebía. El espectáculo estaba siendo un éxito absoluto. Si no tuviéramos todos la cara llena de plumas, se podría comprobar que la mayoría de nosotros estábamos rojos de tanta carcajada. La gran cascada de aplausos finales confirmó el éxito de la innovación.

Miré a Par y pude observar que abultaba el doble. Estaba henchido de orgullo. Se aproximó a nosotros y comenzamos una animada charla.

—¿Qué os ha parecido, chicos? —dijo mientras se secaba las lágrimas.

Todos queríamos darle nuestra impresión. Incluso nos pisábamos unos a otros al hablar. Finalmente la voz de Bravy se impuso sobre la del resto.

—Ha sido uno de los espectáculos más graciosos que he visto en mi vida. Me he partido el buche. Ha sido todo un acierto —comentó.

—Pues sí, y todo gracias a Pop —dijo Parrot Jones— ella me insufló la energía necesaria para que emprendiera nuevos proyectos. Es una motivadora nata. ¿Os habéis fijado? Aquí hay plumas para llenar más de diez edredones nórdicos.

—¡Ya te digo! —dijo Roosty— Nunca había visto tanta ave junta en tu local.

—¡Enhorabuena amigo! —exclamé— Una idea que no se hace realidad es una simple fantasía infructuosa. Gracias por el mérito que me atribuyes, pero el responsable de tu éxito está debajo de esas abultadas plumas grises. De la misma manera que una mente cerrada se cierra puertas, una mente abierta se abre puertas. Y tú no dudaste en abrir tu puerta.

—Gracias. Por cierto, el de las abultadas plumas grises quiere saber qué ha pasado hoy con tu puesta.

—He sido una campeona, ha caído un huevo XL, ha dolido un poco, pero me he librado del asqueroso grano que me hacían tomar. De lo que no me he librado es de la bronca sarcástica del supervisor. Resulta que mi huevo XL era también a las finas hierbas, y no le ha parecido nada bien. Me ha dicho que si *la gallina de los huevos a las finas hierbas* vuelve a poner un huevo de esas características pasará a ser *la gallina de los cubitos de caldo que enriquecen.*

Feary no pudo impedir que de su pico saliera un grito:

—¡Qué canalla! Yo estaría ahora mismo temblando debajo del fardo más grande de mi casa.

—No te preocupes Feary, sé que se está marcando un farol. Él no tiene suficiente poder, a lo sumo me llevará ante el supervisor jefe para que me eche un buen sermón.

—O sea que ¿estás empecinada en seguir poniendo huevos de esos? —pronunció la temblorosa voz de Feary.

—Claro —respondí con seguridad—. Es mi proyecto de futuro, y tal vez llegue a ser el de todos nosotros.

—No te preocupes Pop, cada día encuentro más recursos en mi baúl de las fuerzas. Si te ocurre algo yo te defenderé vehementemente —dijo un envalentonado Roosty.

—¡Y yo! —gritaron Bravy y Par a la vez.

—Te admiro Pop —declaró Feary—. Yo nunca podré ser ni la mitad de valiente que tú.

Tras escuchar esta frase, pregunté con absoluta perplejidad:

—¿En qué te basas para afirmar eso?

—Las circunstancias que me rodean me condenan a ser cobarde de por vida —respondió con voz afectada Feary—. Estoy condenada a ello.

—Estarás condenada a ello si tú eliges estarlo —dije solemnemente.

—Te equivocas amiga, yo no elijo condenarme a nada, la vida lo elige por mí.

—Hazme un favor Feary —le pedí amablemente— ponte de pie.

La miedosa gallina obedeció sin vacilar.

—¿Por qué te has puesto de pie? —pregunté.

—¿Por qué me lo has mandado? —respondió Feary acompañándolo de un gesto de evidencia.

—Vale. Ahora camina hacia esa pared —señalé con decisión la pared de enfrente— y date golpes en la cabeza hasta que te salga sangre por ella.

Feary no movió ni un centímetro sus patitas. Los ojos asustados de todos los demás recorrían los míos y los de Feary, cual partido de tenis, a la espera de que algo de luz cayera sobre lo que estaba sucediendo.

—¡Sí hombre, ni que estuviera loca! —dijo Feary con cara de alucinada mientras volvía a desplomar su delgado cuerpo sobre el fardo de paja.

—¿Por qué no lo has hecho? —pregunté.

—Porque me parecía una tontería. Ya lo único que me faltaba es darme golpes en mi pobre cabecita para perjudicarme aún más, y estar peor de lo mío —dijo Feary con desánimo.

—Cuando te he pedido que te levantaras me has contestado que lo habías hecho porque te lo había pedido. Siento decirte que no era así. Lo has hecho porque has elegido hacerme caso, igual que ante la segunda petición has elegido el no hacérmelo. Elegimos constantemente, y muchas veces no nos damos cuenta de que no es el destino el que nos condena sino nuestras elecciones. Elige mejor y la vida te sonreirá más a menudo —argumenté.

—¡Vaya! Pues es cierto —dijo Feary con cara de acabo de caer en ello.

Los otros tres estaban con la mandíbula descolgada de la impresión que les había producido mi ejemplificación.

—¡Qué alucine! —exclamó Bravy— ¡Eso nos da poder sobre el destino!

—¿Pero cómo puedo elegir mejor? —preguntó una Feary desconcertada.

—Fíjate. Hace un momento has dicho exactamente ‹y estar peor de lo mío›. Curiosa expresión esa de ‹estoy mal de lo mío›. Uno nunca sabe lo que encierra. Si le pregunto a Bravy si está mal de lo suyo, se desmollejará de la risa, porque pensará que es una broma de las mías. Si pregunto lo mismo a Corsety, que es un poco paranoica, me responderá con cara de ‹ésta se ha dado cuenta de lo mío, está claro que me observa la listilla› para responderme finalmente con cara de desconfianza que de qué picos estoy hablando. Seguidamente me sacará otro tema de conversación para despistarme de la famosa frase. Si le pregunto lo mismo a mi madre, se tirará dos horas encantada de la vida contándome lo mal que está de la artrosis plantar. Son las mismas palabras dichas de la misma manera y sin embargo a cada uno le despiertan reacciones diferentes. A Bravy risa, a Corsety desconfianza y a mami gustito. ¿Por qué crees que ocurre eso?

—¡Esa me la sé yo! —dijo rápidamente Par— Porque cada uno lo procesa de manera diferente en función de cómo sea.

—¡Premio para el caballero! No existe una realidad, sino una interpretación de la misma. Cada uno la interpreta según sus pensamientos. Cómo piensas determina cómo sientes.

—Si, eso es así —remarcó Bravy— a los seres vivos no les afectan los hechos, sino los puntos de vista que se crean acerca de ellos. Y tu punto de vista lo crea tu pensamiento.

—Creo que lo voy pillando. —dijo Feary— Si pase lo que pase, todo lo vivo como si fuera el fin del mundo, estaré con una constante sensación de miedo.

—Me estoy acordando de un chiste muy conocido sobre cómo cada quien interpreta las cosas como le da la gana: Una nieta y su abuela hicieron un viaje en tren a su pueblo. Compartían vagón con un sargento y un capitán. Al pasar por un túnel se quedaron sin luz y se oyó un beso y un tortazo. Al salir del túnel cada uno reflexionó para sí sobre lo que acababa de ocurrir. La abuela pensó: ‹qué narices tiene mi nieta, seguro que el sargento se ha querido aprovechar de la oscuridad para darle un beso y mi nieta le ha respondido con un buen golpe por fresco. ¡Qué orgullosa me siento de que sepa defenderse la chiquilla!›. La nieta pensó: ‹el sargento ha debido de querer darme un beso y se lo ha largado a mi abuela por equivocación, ¡qué mala suerte, qué tortazo le ha dado mi yaya al pobre!›. El capitán pensó: ‹el sargento ha debido dar un beso a la chica y la chica se ha equivocado y me he llevado yo el bofetón, ¡qué injusticia!›. Y el sargento pensó: ‹¡qué fácil es dar un tortazo a mi capitán, sólo tengo que darme un beso en la mano en un túnel para que se trague sin decir ni *mu* el tortazo que le acabo de meter!›.

Todos rieron al unísono con el chiste. Y exclamé: «¡Como la vida misma!».

Y así, entre risas y música fue trascurriendo la velada. Porque el hermano de Porky Donky, Deep Voice, resultó ser la segunda sorpresa de la noche en la Fiesta Tasca. Su voz aterciopelada cantando *soul* resultó de lo más relajante. Sólo un pata negra puede cantar *soul* de esa manera tan conmovedora. Todos disfrutaron de una noche triunfal.

CAPÍTULO OCHO

Soy capaz de asumir riesgos

<< Conquistar sin riesgo, es triunfar sin gloria >>

Pierre Corneille

Capítulo ocho

Soy capaz de asumir riesgos

«Conquistar sin riesgo, es triunfar sin gloria.»
Pierre Corneille

Hace días de la gran inauguración de la Fiesta Tasca y aún resuenan las risas en mi cabeza. Qué gran éxito. Me alegro por mi amigo Par. Su decisión de poner en marcha ejercicios para modificar su conducta ha ido de maravilla. Todo el mundo puede hacerlo, sólo debe desear el cambio con firmeza.

Me dirigía a la fábrica a mi puesta diaria, cuando justo antes de llegar, me encontré a mi buena amiga Corsety.

—Hola Pop, ¿vas hacia la fábrica?

—Sí, además, tenía ganas de verte. Necesito que me hagas un favor.

—Lo que quieras —me dijo entusiasmada.

—Gracias. Pues bien —comencé a contar— como sabes, mi intención es abrir una fábrica nueva, en la que la producción sean huevos a las finas hierbas y así eliminar los problemas...

—Que sí, Pop, que ya sabes que estoy enterada de todo —refunfuñó sin dejarme terminar.

—Vale, vale, pues sigo. Me gustaría que observases la carretera desde el punto más alto del corral, desde donde nos lanzamos para hacer caídas con estilo. Quiero que anotes cada vez que uno de sus habitantes pasa y en qué dirección van. También quiero que anotes el momento del día en el que lo hacen con mayor y menor frecuencia. Debo conocer todos esos datos para cuando decida cruzar. ¿Podrías hacerlo por mí?

—Por supuesto y más con todas esas indicaciones. No te preocupes, así sé hacia dónde dirigirme en mi tarea. Te dejo y me pongo a ello al instante —dijo entusiasmada mientras corría hacia el corral.

¡Qué importante es dar la información completa a la hora de delegar! No me imagino cómo podría haber realizado bien la tarea Corsety si no le diese los datos sobre el dónde, el porqué, el para qué y sobre todo, el acotar el qué debe hacer. Sólo así la tarea que tengo en mi cabeza y la que saldrá de su trabajo estarán en sintonía. De otra forma todo estaría pendiente de interpretaciones personales.

La puesta de ese día fue buena, aunque como ya imaginaréis, con ciertos problemas de condimento. Pero ese no sería el acontecimiento más importante de la jornada ni mucho menos. Ese día, sin haberlo planeado significó el principio del fin de la antigua fábrica. Pero no os adelantaré acontecimientos, vayamos paso a paso...

Horas después de la puesta, vi venir corriendo a Corsety hacia mí.

—¡Popeya! ¡Popeya! —gritaba moviendo sus plumas de un lado para otro— Ha pasado algo terrible, lo siento Pop pero he metido la pata y creo que te he metido en un lío gigantesco.

—¿Qué ha pasado Corsety? ¿Qué error tan grave has podido cometer?

—Ha sido hace un rato... Tú me encargaste eso... Yo iba a hacerlo, de verdad Pop, no quise traicionarte ni nada por el estilo es que... Soy una estúpida.

Acompañé a Corsety a sentarse y a que tomara aire, pues venía desfallecida. Pero antes de recuperar el aliento comenzó a contarme pisando unas palabras con otras... Resulta que tras haber hablado conmigo, Corsety se encontró con un par de gallos que nos vieron llegar juntas, y comenzaron a preguntarle:

—Hola Corsety, parece que tu amiga te quiere lejos, ¿cuánto ha durado la conversación? ¿Un minuto? ¿Medio?... Jajaja.

—Mira gallito —replicó Corsety—. No me tires de la lengua que podría contar lo tuyo con Gallito Ponce y no creo que le gustara eso a Scarpeak.

—¡No sé de qué me hablas, gallina mentirosa! Pobre Corsety... Siempre pensando en pequeño. Mientras tus amigos están planeando algo, a ti siempre te dejan a un lado por tu famoso don de no poder quedarte callada y guardar un secreto, y no, tú no eres capaz de ver quienes somos los que realmente te podríamos ayudar —comentó maliciosamente el gallo.

—¡Eso no es cierto! —gritó Corsety— ellos cuentan conmigo, soy una más de la banda.

—¿Por eso te dan tareas sin valor? ¿Acaso no te das cuenta de lo que pasa? Te están apartando del grupo para que no estropees los planes a Popeya —siguió malmetiendo.

—Pues para que te enteres, gracias a mí, Popeya podrá abrir su propia fábrica al otro lado de la carretera. Porque ¿sabes quién es la responsable de velar por su seguridad? ¿Sabes acaso quién observará y controlará todos los detalles de la carretera para que Pop pueda cruzar sin problemas? Yo. Mira si confía en mí.

Y entonces, justo en ese momento, fue cuando todo cobró un ritmo vertiginoso. Corsety no pudo contenerse más. Debía demostrar a esos gallos que sólo decían mentiras, que sus amigos contaban con ella, especialmente Popeya. Claro está que ella misma se dio cuenta que había metido la pata en ese preciso momento y decidió correr a buscarme.

Mientras Corsety me contaba lo que había pasado observé su plumaje. Tras la excitación inicial, había pasado a una posición relajada, pero no reflejaba tranquilidad. Su pico estaba triste y su cara miraba hacia el suelo. Sólo miraba de vez en cuando para comprobar cuál era mi reacción. Entonces comprendí que no había sido fácil para ella reconocer su culpa. Y tomé una decisión.

Más tarde me enteré que ese comentario de Corsety había corrido como la pólvora. Aquel gallo se lo había dicho a mi supervisor que, al darse cuenta del error que cometió cuando no informó de mis actos a sus superiores, corrió para intentar rebajar su culpa, a reportar al gallo jefe.

El gallo jefe, montó en cólera. Pero no porque una gallina estuviese intentando crear su propia granja, sino porque nadie le había informado de algo que llevaba gestándose semanas. Así que castigó a los gallos inferiores a realizar dobles turnos y se citó con Scarpeak para comentarle el suceso.

La sala de juntas de Scarpeak era, sin duda, el mejor y más lujoso rincón de Chicken City. Lo llamaban el despacho malayo, aunque no sé muy bien por qué. Tenía todos sus caprichos colgados por las paredes. En el techo, un gran recipiente lleno de auténtico grano especial que caía cuando tiraba de una palanca situada en su mano derecha. Disponía, además, de una ventana que daba a la fábrica para poder controlar el trabajo diario y una mesa enorme en el centro de la estancia. En un extremo de la misma se sentaba él, y en el otro el gallo jefe le explicaba la situación.

—Así que no me han dejado otra opción que doblarles el turno. Mira que no explicarme lo de esa gallina ingenua. Y como usted comprenderá la preocupación me viene por los canales de información de nuestra empresa. ¿No se dan cuenta de la importancia de estar comunicados? Aunque sea de nimiedades como ésta, porque...

—¿Nimiedades? —La voz ronca de Scarpeak inundó la habitación cortando el discurso del gallo jefe —¿Qué consideras tú una nimiedad? Una gallina se sale de las normas y anda por el gallinero dando lecciones de la vida al resto. Una gallina decide saltarse la cadena de mando y habla de independizarse. Una gallina que dicen que tiene poder para insuflar de valor a los débiles y prudencia a los temerarios, y ¿tú dices que es una nimiedad?

—Pero señor... Es sólo una gallina —comentó un gallo jefe asustado.

Entonces Scarpeak, cogió un grano de su recipiente, se lo lanzó a la cara al gallo jefe y comenzó a explicar:

—Imagina que esto es una gallina, pequeña, insignificante. ¿Te ha dolido?

—No señor, un grano no puede hacerme nada —respondió el gallo contrariado.

—Exacto querido amigo —dijo Scarpeak levantándose de su asiento y con un tono que cada vez dejaba entrever más claramente su cabreo— ahora imagina que todo el recipiente, con los cientos de granos que en él rebosan, cayeran sobre tu cabeza, ¿te haría daño? Gallos inútiles, ¿acaso no os dais cuenta de que nos superan en número? Si una gallina se alza contra nosotros, ¡todas podrían hacerlo! Quiero que le deis una lección a esa gallina y a todas sus amigas. En este gallinero nunca más se deberá escuchar la idea de los huevos a las finas hierbas.

CAPÍTULO NUEVE

Soy capaz de reorientar mis defectos

<< Observa sus defectos y conocerás sus virtudes >>

Confucio

Capítulo nueve

Soy capaz de reorientar mis defectos

«Observa sus defectos y conocerás sus virtudes.»
Confucio

Mientras todo esto pasaba, yo seguía charlando con Corsety e intentando descubrir el porqué de su necesidad imperiosa de contar todo, sin respetar el deseo o las intenciones de las gallinas que la rodean y sus amigos. Fue entonces cuando decidí romper el silencio y pregunté:

—¿Qué sientes cuando revelas a un tercero información que se te ha ofrecido a ti?

—Pues no sé... Me siento bien —respondió buscando indulgencia.

—¿Podrías ser un poco más explícita?

—Me siento importante —dijo alzando un poco la voz y mirándome a los ojos.

—¿En qué otros momentos te sientes así?

—No sé, creo que en ninguno. —La respuesta tardó en llegar unos segundos mientras sus ojos recorrían la parte superior de sus cuencas.

—Bueno, si tan bueno es para ti, ¿por qué tienes entonces ese sentimiento de culpa?

—Porque no me doy cuenta de qué digo ni a quién se lo digo, y en ocasiones como hoy eso puede provocar una gran catástrofe. Quizás ahora tomen algún tipo de represalias hacia ti y todo por mi culpa. Ese defecto mío, puede llevar a otros a la perdición.

—Escucha Corsety, aunque tienes parte de razón en lo que dices. Tu habilidad para captar la información, así como para enterarte de todo lo que pasa en el gallinero es un don que la naturaleza te ha ofrecido. En tu mano está la opción de convertirlo en una habilidad positiva o en un defecto en tu conducta.

—No te entiendo Pop, ¿quieres decir que le puedo sacar partido a esto?

—Mira, estoy recordando una historia que quizá te lo haga ver mejor.

Entonces comencé a relatar:

—Hace muchos, muchos años, había una granja en la que vivían todo tipo de animales, vacas, cerdos, perros, cabras..., hasta había gallinas.

»El granjero, que era un señor muy pobre, decidió que como no tenía dinero para alimentar a todos los animales, escogería sólo a los mejores para quedárselos en la granja y el resto, los vendería en la feria de ganado.

»Llegada la mañana, el granjero comenzó a revisar a sus animales uno por uno. Primero comenzó con los caballos. Al llegar el turno de Lucky, se dio cuenta de que el viejo caballo ya era demasiado mayor para seguir tirando del carro y el coste de su alimento era excesivo. Y, aunque Lucky llevaba prácticamente toda una vida con el granjero, el hambre obligaba.

»Seguidamente, revisó el pozo de lodo y observó cómo Pinky, el cerdo más joven estaba extraordinariamente delgado. Nunca podría alimentarlo para sacar de él un beneficio real, ni tan siquiera alimento. Así que fue el segundo elegido.

Aún necesitaba seleccionar algún animal más y observando el gallinero, recordó a Screamy, un gallo que tenía un canto tan agudo que dolían los oídos al escucharlo. Éste fue su tercer animal para la feria.

»El granjero cogió a los tres animales y los encerró en un cubículo cercano a la casa. Sólo existía un gran ventanal desde el cual, los tres animales desconsolados esperaron la llegada de la mañana para ver qué destino les tenía preparado el granjero.

»Estaba claro que las deficiencias que estos tenían eran tremendas y que sus debilidades hacían incuestionables su permanencia en la granja. ¿Qué podían ofrecer un gallo que cuando cantaba hacía daño en los oídos, un caballo tan viejo que no podía tirar de un carro y un cerdo tan delgado que se podían ver sus huesos al trasluz?

»Al llegar la mañana los animales se extrañaron, pues el granjero no había ido a recogerlos. Ya hacía horas que el sol brillaba y debía apresurarse si quería llegar a la ciudad para la subasta del ganado.

»Fue entonces cuando Screamy subido al palo más alto del cubículo observó a través de la ventana cómo el granjero aún permanecía en la cama. Parecía muy enfermo y se retorcía de dolor. Lucky le preguntó por los síntomas, y una vez descritos, el viejo caballo afirmó que ya había visto eso mismo hacía unos años. Era una enfermedad por algo que había comido en mal estado y era urgente llevarlo a la cabaña del doctor para que le curara.

»Ninguno de los animales dudó en intentar ayudar al granjero que durante años fue siempre su amigo y les trató bien. Ninguno pensó que quizás al ayudarle, estaban sentenciando su futuro. Sólo sabían que eso era algo que tenían que hacer.

»Lucky pidió a Screamy que cantara lo más fuerte que pudiera. El sonido fue tan agudo que el cristal del ventanal se desquebrajó y se rompió. Tras esto, el gallo salió para abrir el pestillo exterior y permitir así salir a los otros dos animales al exterior del cubículo. Una vez llegada a la casa descubrieron que la puerta estaba cerrada por dentro, así que, no había posibilidad de entrar, puesto que los cristales eran dobles para evitar ruidos y ni el grito más fuerte conseguiría rayarlos.

»Lucky recordó cómo antiguamente el granjero tuvo una mascota y ésta entraba y salía de la casa por una gatera que estaba situada en la puerta principal. El hueco era muy pequeño, tan pequeño que sólo entraba un perro o un cerdo tan delgado como lo era Pinky. Así lo hizo y una vez dentro abrió de un salto la puerta para que sus compañeros pasaran dentro de la casa.

»Lucky se situó al lado de la cama, mordió el pijama del granjero y se lo echó al lomo. Pinky y Screamy hicieron lo mismo y corrieron todo lo que el vetusto caballo podía hacia la casa del doctor.

»Días después, el granjero se recuperó y volvió a la granja. Recordó lo que sus animales descartados habían hecho por él y pensó en qué se había basado para decidir que la vejez, la delgadez y el canto agudo eran defectos insalvables, cuando habían sido estas tres cualidades las que le habían salvado la vida.

»No recuerdo qué pasó en la granja después, ni cómo el granjero superó su crisis económica, pero lo que sí es cierto es que desde entonces, nunca dio por sentado nada tan a la ligera, puesto que el mayor defecto puede convertirse, de la noche a la mañana en la mayor de las virtudes.

—Vaya Pop, ¿pasó de verdad? —dijo emocionada Corsety.

—¿Eso importa? —le contesté.

Entonces observé durante unos minutos cómo Corsety pensaba y repasaba lo que hasta hace unos minutos ella misma había definido como su mayor defecto. Me miró a los ojos y vi cómo sus ojos de encharcaron de emoción.

—Gracias Popeya, esta ha sido una historia que jamás olvidaré. Yo he sido como el granjero durante mucho tiempo. He criticado a otras gallinas por su forma de andar, de caminar o de poner huevos. He enjuiciado a los demás por lo que hacían y no por el porqué lo hacían y eso debe cambiar. Además veo que mi defecto puede ser reorientado como los animales del cuento reorientan los suyos para salvar la vida al granjero. De nuevo gracias Popeya. Intentaré compensarte por mi error.

—No debes pensar en compensaciones ahora. Eso ya está hecho. Ahora hay que buscar soluciones a la situación. Pero lo más importante es que seas fuerte y creas en tu don. Siempre has sido una comunicadora excelente. Es hora de desarrollar esa habilidad y sacarle el máximo partido.

CAPÍTULO DIEZ

Soy tenaz y perseverante

<< El genio se compone del dos por ciento de talento y del noventa y ocho por ciento de perseverante aplicación >>

Ludwing van Beethoven

Capítulo diez

Soy tenaz y perseverante

«El genio se compone del dos por ciento de talento y del noventa y ocho por ciento de perseverante aplicación.»
Ludwig van Beethoven

A Scarpeak empezaba a parecerle preocupante el tema de las gallinas. No porque tuviera miedo de que la idea de Popeya funcionara y le dejara la granja sin ponedoras, sino porque cualquiera que cuestionara su poder omnipresente le tocaba los espolones.

Se decía a sí mismo que lo peor que le podría ocurrir era perder unas cuantas gallinas víctimas de la carretera. Pero su vanidad no le dejaba permitirse ni una sola pérdida de huevos, y por lo tanto ni una sola pérdida de gallinas. En su cabeza encrestada se iluminó una idea. Sus fuentes le habían revelado que el único gallo del grupo era un tal Roosty. Pensó que no podía ser un gallo inteligente si se rodeaba de tanta gallina, pero siendo macho, seguro que sería el líder del grupo. Sólo tendría que hacerse pasar por enfermo y ofrecerle temporalmente el poder de la granja para neutralizar a Popeya y sus tonterías.

Con un estruendoso grito llamó a su ayudante.

—Sí, señor —corrió éste presentándose en su despacho.

—Quiero que en menos que canta un gallo esté aquí el supervisor jefe, y en menos que cantan dos, me localices a un tal Roosty. Quiero que le hagas esperar en la sala musgo hasta que yo te indique que le hagas pasar a mi dormitorio.

—¿A su dormitorio? —preguntó extrañado el ayudante pensando que había oído mal.

—¿Estás sordo o qué? ¡He dicho a mi dormitorio!

—Como usted quiera señor —contestó apabullado.

El plan de Scarpeak se empezó a desplegar a gran velocidad:

—Me ha dicho tu ayudante que me querías ver —comentó con voz meliflua el supervisor jefe, el único que tenía el privilegio de tutearle.

—Sí. Tengo un plan para calmar a las gallinas y quería explicártelo para que no cunda el pánico entre los gallos.

—¿Cundir el pánico? —pronunció alarmado.

—Sí, ahora entenderás el porqué.

Scarpeak le explicó detenidamente todo lo que había maquinado.

—Voy a fingirme enfermo para entregar el poder a Roosty.

—¿A Roosty? ¿Quién es ese tal Roosty? —el supervisor notó como si alguien le acabara de golpear en la molleja.

—Es el gallo íntimo amigo de Popeya. Le halagaré hasta que se crea que soy un gallo todo corazón que está al borde de la muerte y que desea que un joven íntegro asuma su relevo. Es lo suficientemente inmaduro para derretirse ante mis halagos. Tocaré su botón de la vanidad, y así, él convencerá a Popeya de que abandone ese absurdo plan de cruzar la carretera. Cuando yo retome el poder, la idea de esa gallina loca habrá perdido gas y todo volverá a su ser.

—Tu plan es muy inteligente, propio de un gallo superior.

—¡Pues alas a la obra! —ordenó Scarpeak con una sonrisa en su pico.

Cuando hubo acabado se dirigió sólo a su dormitorio. Una vez dentro llamó a su ayudante y le pidió que hiciera pasar a Roosty.

Roosty estaba sentado sobre un lujoso fardo de paja y no hacía más que tragar saliva a la espera de que Scarpeak le recibiera. Se temía lo peor. Por experiencia ajena sabía que una llamada de *il gallo dei galli* era sinónimo de una monumental bronca por algo mal hecho y de un más que probable castigo ejemplar. El sudor frío estaba haciéndose amo de su cuerpo, y su pico arrancó a castañear. Sin lugar a dudas, percibía el olor de la tragedia.

Una voz le sacó de su ensimismamiento para indicarle que ya podía pasar. Al levantarse sintió que sus patas no le sostenían con solidez, e incluso una pequeña sensación de mareo le meció por un instante. Sorprendidísimo se encontró en un lujoso dormitorio en el que yacía Scarpeak.

—Hola amigo mío —saludó Scarpeak fingiendo amabilidad.

—¿Es a mí? —tartamudeó Roosty.

—Así es Roosty. Aunque no tenía el gusto de conocerte, me han hablado muy bien de ti.

El joven gallo no podía dar crédito a sus ojos ni a sus oídos.

—Me han contado que eres un gallo despierto y de buen corazón. —continuó Scarpeak mientras Roosty seguía alucinando con la situación—. Y que tienes mucho influjo sobre las gallinas. Necesito alguien así en mi equipo: joven, inteligente, con visión de futuro, con habilidades de liderazgo, y sobre todo, de buen corazón.

Roosty se pellizcó la muslada para cerciorarse de que eso no era un sueño. De repente de su pico salió una pregunta temblorosa:

—¿Está enfermo, señor?

—Sí, Roosty, veo que además eres muy observador —Scarpeak se deshacía en halagos hacia el joven gallo—. Por eso te he hecho llamar. Tengo gripe aviar, y puede que mis días estén contados. Estoy buscando un sucesor, y creo que tú serías el mejor candidato.

—¿Yo, señor? —preguntó sorprendido.

—Sí, joven amigo. No me fío de mis supervisores, son seres egoístas a los que sólo les importa el tamaño de los huevos de las gallinas. No puedo confiar en ellos, sólo se interesan por su propio bienestar y no por el del grupo.

—Disculpe señor, ¿me quiere decir que a usted le da igual el tamaño de los huevos?

—Claro, estoy cansado de decirles que se relajen al respecto, que la fábrica es muy grande y podemos producir huevos de todos los tamaños. ¿No dicen que para gustos se hicieron los tamaños?

—Bueno, creo que exactamente es que para gustos se hicieron los colores —corrigió un Roosty cada vez más seguro.

—Colores, tamaños... ¿Qué más da? Lo importante es que la fábrica esté dirigida por alguien joven con visión de futuro e integridad.

—¿Y ese soy yo? —Roosty empezó a mirar disimuladamente en busca de una cámara oculta.

—Innegablemente, quién mejor que tú para sustituirme durante el desarrollo de mi enfermedad y en el caso de que acontezca lo peor. No eres una promesa de futuro, eres una promesa de presente. Dirigirás la ciudad desde ya. ¡Porque tú lo vales!

Al terminar la conversación y a medida que Roosty se alejaba de la mansión de Scarpeak, notó cómo se le empezaron a inflar las plumas. Se estaba imaginando la cara de su madre y de toda la pandilla al enterarse de la noticia. Ya no sería necesario que Popeya cruzara la carretera porque lo primero que iba a ordenar era el fin de ese pienso asqueroso que sirve para incrementar el tamaño de las puestas.

Roosty convocó a la pandilla a las seis de la tarde en la Fiesta Tasca y nos explicó de patas a crestas todo lo acontecido hasta entonces. Yo por mi parte escuché con mucha atención y finalmente dije:

—¡Ay Roosty querido, sin lugar a dudas eres el mejor gallo que he conocido en mi vida! La gran mayoría de calificativos positivos que Scarpeak ha vertido sobre ti son ciertos. Sin embargo de él podríamos decir que es soberbio, egoísta, retorcido..., y muchos adjetivos más de ese calibre, pero no se puede negar que es inteligente, un as de la manipulación. Dentro de no mucho, estoy segura de que poseerás la experiencia vital necesaria para poder ser un buen mandatario. Scarpeak lo sabe, y si te ha hecho semejante oferta es porque oculta una oscura intención tras ella.

Bravy analizaba cuidadosamente cada palabra dicha por Roosty y por mí. No quería matar la ilusión de Roosty, por supuesto que no. Y más desde que había sentido una corriente especial en su cuerpo cuando varias de las plumas de él la rozaron casualmente el pasado viernes en la Fiesta Tasca. Desde entonces no se lo había podido quitar de la cabeza. Lo que daría por ayudarle a sacar el amor del baúl de sus fuerzas. Ella misma se obligó a salir de sus propios pensamientos e intervino.

—El poder no se entrega a los desconocidos, el poder se entrega a los próximos, a los que eres capaz de modelar a tu antojo. Si Scarpeak te conociera profundamente nunca te entregaría el poder. Quien produce mareas desprecia a los vientos suaves y benefactores. Como el mal es al bien, como el amor es al odio, como el frío es al calor... Roosty es a Scarpeak.

—¡Vaya! —comentó Corsety— Anda que no estás tú poética. Si hasta haces caiditas de ojos.

—Os equivocáis chicas, yo estaba allí y sé que Scarpeak me lo decía de corazón. Si hubierais visto cómo su cara enferma reflejaba amabilidad y respeto, no abrigaríais ninguna duda. Sería estúpido no aprovechar semejante oportunidad. Lo que os pasa es que estáis celosas. Sois una panda de gallinas envidiosas.

Y con un aleteo desacostumbrado en él se levantó de su fardo y se marchó sin ni siquiera despedirse del grupo.

La mesa se convirtió en una mezcla de caras expresando tristeza, preocupación y sorpresa. Durante más de cinco segundos se hizo el silencio. La voz de Feary fue la primera en romperlo.

—Sabemos que se equivoca, que es una simple marioneta movida por Scarpeak, pero también debemos de entender que para un gallo joven es fácil emborracharse de poder.

—Cuando venga con la cola entre las patas —intervino Bravy— no seáis excesivamente duras con él. No me preocupa que ahora cometa un error, es un gallo listo y sabe aprender de sus errores. Seguro que de esta experiencia saldrá un gallo más maduro. ¿Y tú qué vas a hacer Popeya?

—Cada día que pasa el ambiente se tensa más entre los gallos y nosotras. Los gallos consideran que nuestra mayor hazaña intelectual es poner huevos, si es que a poner huevos se le puede definir como algo intelectual. Piensan que si los huevos fueran a juego con nuestras cabecitas, estarían huecos. No nos perciben como amenaza pero sí como molestia. Nos consideran los uñeros de sus espolones.

—Creo que es eso lo que ha llevado a Scarpeak a montar toda esta farsa, quiere quitarse el uñero de un plumazo —reflexionó Bravy—. ¿Y vamos a permitir que lo consiga? ¡Ni hartas de *cocktails* de lombrices!

—¡Antes muerta que cobarde! —exclamó Feary emocionada— ¡Dios mío! ¿Acabo de decir yo eso?

Todas rieron a la vez mientras movían sus cabezas de arriba abajo en un gesto claramente afirmativo.

—Ya sólo falta que me lo crea —dijo una Feary sonriente.

—Bueno, es un buen principio decirlo —afirmó Corsety.

—¡La evolución al poder! —gritó una divertida Bravy— Pop, ¿no renunciarás a tus planes?

—Soy tenaz y perseverante en la consecución de mi objetivo. Quiero cruzar la carretera. Sé que si la cruzo mi sueño de montar una fábrica de huevos a las finas hierbas se hará realidad. Soy positiva y sé que tengo las capacidades necesarias para llevarlo a cabo. Creo en mí y creo en mi proyecto.

CAPÍTULO ONCE

Soy buena comunicadora

<< El mundo exige resultados. No les cuentes tus dolores de parto. Muéstrales al niño >>

Indira Gandhi

Capítulo once

Soy buena comunicadora

«El mundo exige resultados. No les cuentes a otros tus dolores del parto. Muéstrales al niño.»
Indira Gandhi

Con todas las novedades que estaban aconteciendo a su alrededor, Bravy estaba padeciendo, producto de la tensión, unas horribles migrañas que sólo se le pasaban tras estar un largo rato en silencio y a oscuras en algún lugar solitario de la ciudad. En estos últimos días casi se estaba convirtiendo en un ritual la búsqueda del lugar perfecto para su recuperación. Esta noche había elegido un alto que le proporcionaba una vista increíble de su ciudad. Durante un minuto observó el ir y venir de sus habitantes. Aunque había poco ir y poco venir, ya que, los gallos y las gallinas se levantan tan temprano que no disfrutan de la noche. Realmente, esas no eran unas horas decentes para que una gallina anduviera sola, pero a ella le daba igual. Sólo quería que cesara ese tremendo dolor y con tal de que eso pasara, estaba dispuesta a asumir riesgos, o eso pensaba cuando oyó un ruido no muy lejano. Tam tam, tam tam, tam tam... Su corazón se estaba disparando y decidió dejarse caer haciéndose la muerta, no veía nada, sólo oía el sonido de dos voces masculinas:

—Esto de fingir estar enfermo me está volviendo loco, no aguanto estar todo el día encerrado sin moverme.

—Sí señor, le entiendo perfectamente.

—Si no fuera por estos paseos nocturnos que me permiten estirar un poco las patas no podría seguir con este plan.

Bravy pensó: «la que está con la pata estirada soy yo, y como me descubran lo estaré ahora mismo y de aquí a la eternidad». Sabía perfectamente que una de las voces que estaba oyendo era la de Scarpeak. Era inconfundible su voz grave, y esa peculiar forma de alargar las vocales.

—Aguante, señor, en cuanto se deje de hablar de las tonterías de esa gallina presuntuosa todo volverá a la normalidad. En una semana todo se habrá olvidado.

—Eso espero. Si no pasaré al plan B.

Bravy no se lo podía creer, Scarpeak tenía una salud excelente y estaba fingiendo una grave enfermedad. Todos pensaban que entregar el poder a Roosty era bastante extraño, pero el joven gallo con la emoción del momento no había ido más allá, estaba simplemente disfrutando el momento. ¡Pobre crédulo!

Intentó conciliar el sueño en ese mismo lugar para no tentar a la mala suerte. Nada más amanecer buscó al joven gallito. No fue fácil poder acceder a él.

—¡Roosty, Roosty...! ¡Tengo una noticia bomba!

El joven se alegró al verla.

—Siento mucho mi reacción de ayer —se excusó Roosty.

—No te preocupes, nadie es perfecto.

—¿Qué te trae por aquí tan acelerada?

Fue entonces cuando Bravy le explicó todo lo que había vivido la noche anterior con todo lujo de detalles.

—¡Qué tonto he sido! Unas palabras bonitas y me creo el rey del mambo. No sé cómo no me he dado cuenta antes. Me defraudo a mí mismo.

—Tu pico es lo que tienes más cerca de tus ojos y, sin embargo, somos los demás los que te lo vemos mejor. A veces es bueno escuchar a los otros. Eso no implica que tengas que hacerles caso, simplemente te ayuda a coger perspectiva. Pero siempre debes decidir finalmente tú.

—Al menos, te estoy escuchando ahora mismo.

—Eso está bien. Si estuviera aquí Popeya diría ‹intentemos optimizar la situación›.

Bravy intentó desviar la atención de ella misma sacando a Pop a colación. Estaba notando que su corazón se estaba acelerando por momentos y que una voz en su interior decía «qué guapo es». No quería sentir amor, así que se ordenó concentrarse en la tarea. No le resultó fácil, el olor a Gallo Dandy que desprendía Roosty esa mañana la estaba mareando de gustito.

—Muy bien. Creo que lo mejor es que aproveche la situación para conocer a otros gallos y hacerme con una red de contactos. Tal vez luego tengamos que tirar de alguno de ellos.

—Sí, tener contactos es muy importante —se oyó decir mientras pensaba «¡Ay madre que me lo va a notar!»

—Scarpeak no sabe que yo sé que finge, así que instauraré la libertad de puesta.

—¡Estupendo! —exclamó Bravy ilusionada.

—Da igual que dure un día o tres.

—Ya dure un día, tres o dos semanas, todas las gallinas te lo agradeceremos. ¿Cómo lo vas a transmitir? Ya sabes que lo fuerte de Corsety es la comunicación —dijo Bravy mientras pensaba «por Caponata y Turuleta, que acceda a ver a Corsety. Estoy pasando de tener voz de gallina a tener voz de pava, así que lo mejor será acabar con esta situación antes de que empiece a babear. ¿A babear? ¿He dicho babear? Pero si las gallinas no tenemos babas... ¡Ay madre, estoy fatal de lo mío!»

—Pensaba hacerlo a través de los supervisores, pero creo que sería una buena oportunidad el ponerme en contacto con las gallinas y ganarme directamente su apoyo. Lo que me ocurre es que nunca he hablado delante de tanto ser vivo y no sé si lo haré bien o me moriré de vergüenza y meteré la pata hasta el fondo.

—Corsety es nuestra gallina, ¡vamos a buscarla!

Los dos salieron en busca de Corsety. La encontraron en plena puesta.

—Un poquito de por favor, chicos, en breve soy toda vuestra, pero ahora dejad que me concentre.

Roosty y Bravy salieron silbando de la fábrica como si no hubieran roto un huevo en su vida. Se habían pasado con su impaciencia, ¡mira que interrumpir a una gallina en plena puesta! Al cabo de nada Corsety salió de la fábrica y se reunió con sus dos amigos.

—¿Qué pluma os pica esta mañana? —preguntó airada.

—Necesitamos que nos aconsejes sobre cómo comunicar a las gallinas la buena nueva de que pueden poner los huevos del tamaño que les salga de las alas»— contestó Bravy.

En esos momentos Feary y yo paseábamos por allí, Corsety cacareó nuestros nombres para que nos acercásemos.

—Antes de nada me quiero disculpar por la salida de tono de ayer. Ya sé de buena tinta que estabais en lo cierto. Lo siento.

—Disculpas aceptadas —cacarearon todas.

Corsety me pidió que la ayudara a explicar a los demás los trucos de la buena comunicación y empezamos nuestra exposición:

—Ten claro lo que quieres transmitir y comprueba que es especial. Si eres capaz de resumirlo en una sola frase eso quiere decir que lo tienes claro y que vas por buen camino —empezó diciendo Corsety.

—Libertad de tamaño en la puesta de huevos —enunció Roosty.

—Perfecto. Es breve y refleja lo que hay —reforzó Corsety— Luego tienes que hablar con el lenguaje de los que te vayan a escuchar, en este caso las gallinas, adaptando tu lenguaje al suyo y así conectarás.

—Eso es fácil porque estoy acostumbrado a hablar como vosotras y no como un gallo pedante —respondió Roosty.

—Pues sí, lo tienes chupado —animó Bravy.

—Contagia entusiasmo, toca su corazón. Olvídate de las verdades absolutas, del tono impositivo, de querer meter tu discurso caiga quien caiga, y convence con respeto —prosiguió Corsety.

—Hablaré de vosotras y de cómo intento meterme en vuestra piel el día que no dais la talla mínima. Se me ocurre que puedo contar la anécdota de Feary y sus huevos XL. Eso les llegará.

—Genial, eso hace que tu mensaje sea sugestivo. Las anécdotas, los cuentos, las historias..., ayudan a llegar —apostillé.

—Lee las reacciones de las gallinas. Míralas a los ojos y comprueba que su respuesta te está diciendo ‹me interesa›. Si están quietas como si casi no respiraran, vas de lujo, si no paran de moverse en su fardo, corta el rollo —explicó Corsety.

—Te irá bien ensayar tu discurso frente al espejo, al principio sentirás risa y vergüenza pero si aguantas un poco te empezarás a centrar en tu objetivo y te prepararás para el éxito —concluí con una sonrisa de ánimo.

—¿Y cómo termino el discurso? —inquirió Roosty.

—Algo así como ‹Y esto es todo. Muchas gracias por escucharme›, será suficiente —sugirió Corsety.

—Sí, pero no olvides dejar un espacio para las preguntas o aclaraciones —amplié.

—Mil gracias chicas —dijo el gallo— En cuanto ensaye un par de veces, me presentaré ante todas las gallinas. Popeya, cuenta con todo mi apoyo para cruzar la carretera.

¡Qué gusto daba volver a reír todos juntos! ¡Volvíamos a ser una piña!

CAPÍTULO DOCE

Soy luchadora

<< Se nos conoce por nuestros actos >>

Bruce Wayne

Capítulo doce
Soy luchadora

«Se nos conoce por nuestros actos.»
Bruce Wayne

Llevábamos días esperando este momento. Roosty, a primera hora de la mañana, había mandado a los gallos a que reunieran a todas las gallinas del corral en la gran avenida central. Todos los habitantes de Chicken City esperaban ansiosos la noticia que el nuevo líder iba a dar.

Roosty esperó a que llegaran las gallinas más rezagadas y miró hacia la ventana del dormitorio de Scarpeak. Tras ella se intuía la sombra del viejo gallo observando cada movimiento de su sucesor. Roosty comenzó a hablar:

—Estimadas amigas, hoy es un gran día para nuestras vidas. Como sabéis, soy el nuevo jefe de la fábrica. Junto a vosotras he sufrido cómo la presión a la que estabais sometidas os perjudicaba vuestra calidad de vida. Las órdenes de los anteriores directivos de la puesta obligatoria de huevos XL era injusta e innecesaria. Es por eso que hoy comenzará una nueva etapa en la vida de todos nosotros. Hoy comienza la era en la que cada gallina vendrá a la fábrica a dar lo mejor de sí misma sin que nadie presione para conseguir tallas peligrosas. ¡Declaro la libre puesta de huevos!

Las gallinas de toda la ciudad rompieron a aplaudir como locas. No se lo podían creer. Se miraban unas a otras incrédulas. Las madres lloraban de alegría por sus hijas. Las gallinas más jóvenes abrazaban a sus mayores de felicidad. Incluso alguna, pedía que la pellizcaran para ver si era un sueño.

Por primera vez en muchos años, una noticia hizo feliz a toda la ciudad.

—¡Viva Roosty! —comenzaron a gritar.

La nube de aplausos se mantenía en el aire sin hacer acopio de parar nunca.

Sin embargo, tras el enorme cristal negro de la habitación más alta del corral, Scarpeak estaba cabreadísimo. No podía concebir cómo su plan se había tornado contra él. El gallo joven y crédulo que pensaba adoctrinar le había traicionado.

Fue entonces, en ese preciso momento, al ver cómo las gallinas de Chicken City aclamaban a Roosty, cuando Scarpeak decidió volver a tomar el poder. Aunque fuese a la fuerza. Salió a la ventana y ordenó a sus gallos escolta que controlasen a la multitud. Abrió sus enormes alas negras y planeó hasta el fardo desde el que Roosty había hablado.

Al ver esto, las gallinas callaron y sus caras comenzaron a proyectar angustia y preocupación. Incluso muchas salieron corriendo a esconderse para no ser identificadas.

—Habitantes de Chicken City, ¿qué es todo esto? Si no fueseis gallinas pensaría que con vuestra actitud estáis reprochándome algo. ¿Acaso no he cuidado siempre de que no os pasase nada? ¿Quién fue quien expulsó a los patos cuando vinieron del norte? ¿Quién convirtió esta granja en la más importante de la comarca? ¿Quién siempre os ha facilitado grano especial para ayudaros en vuestras puestas? Os refrescaré la memoria: ¡yo!

Las gallinas comenzaron a asentir con la cabeza mientras que la multitud se deshacía poco a poco.

—¿Y ahora me lo pagáis así? Sois unas desagradecidas. Caigo enfermo y decido no estar en contacto directo con vosotras para no extender la desgracia y vosotras aclamáis a un nuevo líder. El joven Roosty decide apoderarse del mando y ninguna de vosotras le para los pies. Decide emprender normas que van en contra de lo que con tanto esfuerzo hemos conseguido durante años y nadie en todo el gallinero le hace ver que se equivoca. Me habéis decepcionado. Creí que dirigía una fábrica con gallinas adultas y me demostráis esto. Es hora de volver a tomar el mando y os aseguro que volveremos a las viejas actuaciones, por vuestro bien. Volveremos a ser la fábrica de los huevos XXL. ¡Y ahora, disolveos y a trabajar!

Las gallinas bajaron las alas y comenzaron a dirigirse a sus casas o a la fábrica. Se sentían mal por haber actuado tan a la ligera. Al fin y al cabo, ¿quiénes se habían creído? Sólo un gallo como Scarpeak podía dirigir la granja.

—¡Alto ahí! —grité— ¿Qué estáis haciendo? Hace unos minutos he visto la felicidad en vuestros ojos al recibir las buenas nuevas y ¿tan pronto rechazáis vuestros sueños?

—No merece la pena enfrentarse a los gallos para que otro ocupe su lugar y con el tiempo vuelva otra vez la misma situación —gritó una gallina desde el fondo—. Además, mira esos gallos, son muchos y peligrosos...

—No nos someteremos, el corral es nuestro y lucharemos para que las cosas se hagan como siempre han debido hacerse —se unió a mi discurso una envalentonada Feary.

En esto, y mientras las gallinas seguían desapareciendo, los doce gallos del corral comenzaban a formar una línea de batalla. Extendiendo sus enormes alas y bajando la cabeza de manera amenazadora. Avanzaban paso a paso, obligando a las gallinas a retroceder de su posición.

—Si vais a luchar necesitaréis un ejército, y si éste es el vuestro, ¿por qué huye? —cacareó Scarpeak mientras reía. No había terminado su risa cuando del cielo aterrizó una gran figura gris.

—Gallinas de Chicken City, soy Parrot Jones. Y estoy viendo a un ejército enorme de gallinas, aquí, desafiando a la tiranía. Queréis vivir como gallinas libres y gallinas libres sois. ¿Qué haríais sin libertad? ¿Lucharéis?

—¡No! —gritaron algunas, mientras que otras pararon y comenzaron a posicionarse.

Parrot ocupó la primera línea, junto a Feary y a mí. Corsety, salió del grupo de gallinas y también se dirigió a nuestro lado. Bravy, adelantó un paso y se giró para decir al resto de gallinas:

—Luchad y puede que nos den una paliza, huid y viviréis tranquilas... Al menos un tiempo, hasta que Scarpeak u otro gallo decida que las puestas han de ser mayores, o con mayor frecuencia. Pero cuando esta situación llegue, ¿no estaréis dispuestas a cambiar todos los días hasta entonces por tener una sóla oportunidad de volver aquí hoy?

—Las gallinas comenzaron a animarse mientras que en los gallos se comenzaba a ver una cara de preocupación evidente. El discurso estaba calando en ellas y se empezaron a envalentonar. Roosty, se situó a mi lado, junto con Feary, Corsety y Parrot Jones y terminó gritando:

—¡Puede que nos den una paliza, pero nunca podrán quitarnos nuestra libertad!

Al decir esto, decenas de gallinas comenzaron a cacarear airosamente y a hinchar sus buches en posición de pelea. Muchas fueron las que se mancharon la cara con barro para conseguir intimidar más a los gallos. Estos, al ver semejante estampa, comenzaron a retroceder hasta colocarse en un corro detrás de Scarpeak. Cientos de gallinas rodeaban a los doce gallos que, por primera vez en muchos años, sentían que la situación se les había escapado de las manos y comenzaron a sentir miedo. Ese miedo que tanto habían implantado, un miedo que nunca jamás olvidarían.

—¿Qué hacéis? ¡No retrocedáis inútiles! —gritó Scarpeak— ¿Y vosotros os hacéis llamar gallos? Parece que ya habéis olvidado que puedo ser mucho más duro con vosotros de lo que unas inútiles gallinas lo serían jamás. ¡Atacad sacos de gusanos! No dejéis una pluma en sus cuerpos. ¡No retrocedáis!

No paraba de gritar. El viejo Scarpeak estaba tan enojado que se le notaba la vena del cuello. Sin embargo, sus amenazas habían perdido fuerza entre el grupo de los gallos, que hartos de las órdenes sin sentido de su antiguo jefe, se giraron mientras le tapaban el pico y comenzaron a picotearle. Del centro de todo el movimiento sólo se veían salir enormes plumas negras sin parar.

Cuando terminaron, se apartaron y se pudo comprobar cómo tras todo ese plumaje negro espectacular ahora arrancado, sólo se escondía un pollo delgaducho y sin forma. Era ridículo ver al gran Scarpeak en ese tono rosadito intentando esconderse para que no se le viera su desnudez. Todas las gallinas comenzaron a reírse viendo aquella imagen. El grandioso y fiero Scarpeak era tan sólo una simple ave rosada que gracias a sus plumas confeccionadas con un exceso de ego, un poco de soberbia y un mucho de manipulación había conseguido proyectar una imagen incuestionable y poderosa.

—Escúchame bien Scarpeak —dijo Corsety—. Y escuchadme todas. Ya se han desperdiciado muchas plumas y demasiada energía en este incidente. No vamos a picotear a los gallos. Ni siquiera les obligaremos a abandonar Chicken City. Roosty será el nuevo líder y los gallos acatarán sus órdenes. Bravy será el eslabón entre la nueva directiva y los gallos. Feary, la gallina valiente, será su ala derecha y estará en contacto directo con el sindicato de gallinas. Popeya tendrá libertad para continuar con sus planes de desarrollar una nueva forma de fábrica, la podríamos llamar, responsable de I+D. Y yo por mi parte, me haré cargo de la comunicación interna para que absolutamente toda gallina que lo desee, esté informada en todo momento de lo que va sucediendo. Además, esto no acaba aquí. A partir de mañana nos pondremos a trabajar para que Chicken City sea el lugar que siempre habíamos soñado. Seguiremos produciendo huevos, ya que, gracias a eso subsistimos, pero desde la nueva perspectiva de Roosty. Y que nadie tema, a partir de ahora, estos cargos deberán ser votados y elegidos cada dos años y, en caso de que la mayoría del gallinero quiera un cambio, este se producirá. Es hora de que las gallinas decidan su futuro. ¡Viva Chicken City!

Todas las gallinas estuvieron de acuerdo y estallaron de júbilo, los gallos resignados pudieron comprobar que la nueva situación no era tan mala, pues algunas gallinas les ofrecieron agua de la Fiesta Tasca y les invitaron a bailar para olvidar el mal trago que habían pasado.

Todo había cambiado. Era increíble que aquella transformación hubiese tenido lugar tan rápidamente. Aún recuerdo la caída con estilo, a la señora Freudy y sus manchas, el día en que Bravy me contó su problema y el momento en el que conocí a Parrot Jones. Fueron unas semanas espectaculares en las que aprendí mucho y siento que todas mis compañeras también lo vivieron así.

—¿Estarás contenta, no? —dijo Par acercándose a mí.

—Realmente. Créeme —contesté.

—Hoy es un gran día. Gracias por hacernos fuertes.

—De nada amigo, pero todos nos hemos ayudado a afrontar estas situaciones. Hemos creído en todos y cada uno de los componentes del grupo y todos nos hemos ayudado a desarrollar nuestras habilidades.

—Bueno, ahora es momento de disfrutar este momento ¿no?

—Sí —respondí— aunque creo que ha llegado la hora de hacer lo que tanto he deseado. Ha llegado el momento de cruzar la carretera.

CAPÍTULO TRECE

Soy quien toma la iniciativa

<< Nada tarda tanto como aquello que no se empieza >>

Alain Joule

Capítulo trece

Soy quien toma la iniciativa

«Nada tarda tanto como aquello que no se empieza.»
Alain Joule

Hoy cruzaré la carretera. Esta noche la luna llena será la protagonista de un cielo estrellado que me indicará con su luz que es el momento adecuado para pisar el asfalto.

Tengo la sensación de que todo va a salir bien. Ya empiezo a notar mariposas en el estómago. Para mí es el indicador de que estoy preparada para el reto. Soy un ser vivo así que si no estuviese sintiendo algo sería porque ya estaría muerta. Sé que cierta tensión me hace estar más alerta y favorece mi ejecución. Por eso, proceso bien el sentir mariposas.

Voy camino de la Fiesta Tasca para ultimar algunos detalles con mi pandilla. Al entrar veo a todos sentados en una mesa del fondo:

—¡Hola a todos!

—¡Buenos días Popeya! —exclaman Roosty, Feary, Bravy y Parrot Jones.

—¿Qué tal ha dormido hoy nuestra gallinita valiente? —preguntó Par.

—Si te digo la verdad, me costó un poco coger el sueño, pero cuando lo he cogido, no lo he soltado hasta que ha cantado el primer gallo.

—Es lógico que la excitación te quite algo de sueño —apuntó Feary.

—Sí. En vez de desesperarme aproveché el momento para programarme para el éxito.

—¿Para qué? —preguntó Roosty con curiosidad.

—Me estoy preparando para el éxito. He llegado a la conclusión de que si dejas a tus pensamientos vagar sin rumbo te pueden llevar a mal puerto, así que me he pasado parte de la noche programando pensamientos positivos que me lleven a conseguir mi objetivo.

—¡Vaya! —exclamó Feary— Eso me parece muy interesante.

—Creo que los tres momentos más importantes van a ser: cuando me dirija a la carretera, cuando empiece a cruzarla y cómo reaccionar en caso de que surja algún imprevisto —proseguí.

—¡Mira que eres lista! —exclamó un Par orgulloso de su amiga.

—A la carretera te vamos a acompañar todos —dijo Corsety—. Sólo tú cruzarás, pero nosotros estaremos allí como apoyo. Te queremos y estaremos allí.

Un leve toque de humedad se instaló en los ojos de cada uno de nosotros producto de la emoción del momento. Roosty trató de disimularlo tosiendo, era experto en simular algún tipo de alergia en esos momentos, y Parrot Jones bajó la mirada fingiendo un picor en la muslada izquierda. Feary y yo dejamos que nuestros ojos nos delataran. Y Bravy bromeó diciendo:

—Si vamos a llorar todos a la vez, mejor voy a por papel higiénico porque con *Kleenex* no tenemos ni para empezar —provocando la risa del grupo.

—¡Ja, ja, ja! ¡Qué ocurrente eres Bravy! —exclamó Roosty.

—Gracias, Roosty —agradeció Bravy mostrando unas pupilas más dilatadas de lo normal.

Corsety no pudo evitar comentar en alto:

—Últimamente Bravy, te noto algo rara, ahora mismo tienes una mirada muy tontorrona. ¡A ti te pasa algo!

Todos en la vida hemos vivido un momento *trágame tierra*. Es ese momento en el que deseas ser invisible para que nadie note que te estás poniendo más roja que un campo de tomates, pues bien, Bravy estaba viviendo en este preciso instante ese momento tan... especial.

—¡Qué cosas tienes Corsety! —dijo Bravy con voz vacilante— Déjate de tonterías y permite que Popeya nos explique qué ha preparado para cada momento.

Pensé para mí misma «Corsety tiene razón, pero voy a echar un capote a Bravy antes de que la vea meterse debajo del fardo».

—Pues como os decía, chicos, creo que hay tres momentos críticos. Antes de cruzar voy a ir con vosotros respirando profundamente y recordando todos los momentos de mi vida en los que las cosas me han salido rodadas. Eso me infundirá ánimo y alejará de mí pensamientos catastrofistas.

—Propongo una idea —dijo Parrot—. Podríamos ir todos juntos haciendo respiraciones profundas y escuchando los momentos estelares de éxito de Pop. Además iremos añadiendo algún momento nuestro. Así te acompañaremos en cuerpo y cabeza.

—¡Genial! ¡Me gusta la idea! —dije sonriendo al grupo con expresión de agradecimiento.— ¡Cuenta con ello! —exclamó una Bravy ya recuperada del *trágame tierra*— Se trata de que tengas rulando por tu coco algo así como ‹ya he conseguido otras cosas que me parecían inalcanzables, ¿por qué no va a ser ésta una de ellas?›

—Exacto. Cuando empiece a cruzar la carretera me centraré en cada paso que vaya dando y me reforzaré positivamente en cada uno de los que avance.

—¿Se puede uno reforzar positivamente a sí mismo? —preguntó Feary con el pico abierto.

—¡Pues claro! —contesté—Yo me diré repetidas veces lo bien que lo estoy haciendo, que lo estoy logrando, y cosas por el estilo según vaya avanzando metros.

—¡Vaya, no lo sabía! Pues empezaré a autoaplicármelo. Últimamente he progresado mucho en mi lucha contra el miedo. Vosotros tenéis mucho que ver en ello, pero yo también soy responsable de mi cambio. Me tengo que reforzar para seguir en la misma línea, ¿verdad?

—Sí —confirmé—. Sería inocente pensar que no puede surgir algún imprevisto. Si finalmente se cuela alguno, utilizaré algo que me anime a soportar la situación inesperada hasta que haya pasado. ¿A que no adivináis lo que voy a utilizar?

—No —dijeron todos al unísono.

—Nuestra canción. Si la cosa se pone cruda cantaré nuestra canción mientras pienso qué puedo hacer para resolver el problema.

—¡Brillante! —gritó Parrot— Ojalá no tengas que afinar la voz.

—¡Ojalá! —respondí.

—Hoy es tu gran día —comentó una excitada Bravy—. Y por eso queremos hacerte un regalo simbólico, algo que te inspire seguridad y energía. ¡Adelante Par!

Parrot Jones se sacó del ala un pequeño lazo de paja mientras decía:

—Como es un regalo intangible, este lazo simbolizará tangiblemente nuestras palabras. El regalo consiste en que cada uno de nosotros te va a decir por qué cree en ti y en tu sueño.

Par pasó el lazo a Feary que lo cogió con ambas alitas mientras pronunciaba las siguientes palabras: «Creo en ti porque eres una gallina que confía en sí misma y en los demás. Sabes que puedes lograr el éxito al otro lado de la carretera y nos permites ayudarte en esa tarea. Haces que nos sintamos equipo».

Después de guiñarme el ojo, Feary pasó el lazo a Roosty. Este al recibirlo dijo: «Creo en ti porque eres capaz de asumir y tomar iniciativas. Sabes evaluar los riesgos y sabes lanzarte cuando crees que merece la pena correrlos».

Roosty lanzó un beso al aire en mi dirección y luego pasó el lazo a Corsety, quien dijo:

—Creo en ti porque eres optimista, creativa, responsable y perseverante. ¡Total nada! Me encanta la forma positiva con la que te conduces por la vida, cómo aprovechas las oportunidades y los recursos que pasan por delante de todos nosotros y que sin embargo sólo tú sabes ver, y cómo te comprometes con tus tareas.

Corsety que estaba sentada a mi lado, se inclinó para darme un abrazo, y posteriormente pasó el lazo a Bravy, quien después de un breve carraspeo arrancó:

—Creo en ti porque tienes deseos de superación y de independencia. No te conformas con quedarte quieta en tu círculo de confort, sabes que las cosas pueden ir a mejor y luchas por ello con perseverancia e independencia.

Bravy me iluminó con una espléndida sonrisa e hizo el último pase de lazo a Par. La dulzura asomó por primera vez en los ojos del viejo loro al pronunciar:

—Creo en ti porque eres apasionada. La acción que no está guiada por la pasión es fácil que muera a corto plazo. La acción que está guiada por la pasión arrastra a un futuro mejor, y tu pasión es tan grande que nos está arrastrando a todos nosotros hacia ese gran futuro. Este lazo es para ti. Póntelo antes de cruzar, te recordará todas tus fortalezas.

Cogí e hice mío el lazo colocándomelo inmediatamente en el buche. Después me levanté para ir dando, uno por uno, abrazos a todos mis amigos en señal de agradecimiento.

Las horas fueron transcurriendo...

La ausencia de bullicio indicaba que había llegado la noche. En la zona más alta de la carretera, donde se tenía mejor perspectiva, estaba ya colocada la pandilla. Sólo faltaba Parrot Jones, que, a petición mía, estaba sobrevolando el asfalto para avisar en caso de que a lo lejos se divisara cualquier señal de peligro, ya fuese una luz o un rugido de algún habitante de la carretera,...

Eran justo las tres de la mañana, la hora que habían indicado los registros de Corsety como la más tranquila de todas. Era el día perfecto, la noche ideal y la hora adecuada. Me adelanté un paso a la pandilla y me giré hacia mis compañeros: «Ha llegado el momento, chicos. Simplemente os voy a decir un hasta luego, y vosotros sabéis el porqué. Hemos soñado juntos muchas veces este momento y ya ha llegado la hora de que el sueño se haga realidad». Me agarré del lazo y grité: «¡A por él!».

Roosty adelantó una de sus alas e invitó a los demás a que juntaran las suyas con las propias haciendo un círculo. Como un equipo de fútbol o baloncesto, o mejor dicho: como cualquier equipo debería hacer. Cuando ya estaba conseguido gritó cual animador deportivo «Popeya tracatrá», y mientras hacían un gesto de abajo a arriba con sus alas gritaron todos «tra». Roosty repitió «Popeya tracatrá», y al grito de «tra-tra-trá» culminaron su ritual de buena suerte.

Noté mi respiración y mi corazón acelerado e intenté calmarlos con un par de respiraciones profundas. Por fin pude decirme: «¡Adelante!».

El primer paso fue algo más lento de lo habitual, era el paso más duro. Sentí bajo mi pata el tacto áspero del asfalto. Aunque no quemaba, todavía guardaba parte del calor del día. La pandilla al completo contuvo la respiración en ese preciso momento. Luego el segundo, el tercero y el cuarto paso fueron ya más ágiles, y los chicos empezaron a soltar el aire que habían retenido en sus pulmones. Parrot gritó desde el cielo: «Pop, la carretera está sólo para ti, no diviso nada, ¡ánimo!».

El comentario de Parrot Jones aceleró mi paso, si no había peligro era mejor darse prisa para no tentar a la suerte y terminar cuanto antes. Veinte..., treinta pasos. Bravy gritó: «¡Lo estás consiguiendo!».

La sonrisa se empezaba a divisar en sus rostros. Volteé la cabeza para gritarles «¡Sí!», y en ese momento noté cómo una de mis patas se desplazaba sin coordinación con el resto de mi cuerpo y me conducía al suelo. Sentí cómo mi cabeza se golpeaba contra el duro elemento. Se hizo el silencio. Por unos segundos se respiraba tanta tensión en el ambiente que se podía cortar con un hacha.

Noté mi cuerpo inmóvil sobre el asfalto, algo estaba resbalando por mi cabeza, pensé por un momento si sería sangre, pero la ausencia de calor me tranquilizó. Era ese líquido negro y resbaladizo que desprendían los habitantes de la carretera. Había patinado en una de sus manchas. Parrot gritó: «Cuidado Pop. ¡Viene un Ford a lo lejos!».

El miedo empezó a amenazar con instalarse en el lugar. Intenté levantarme pero volví a resbalar, golpeándome aún con más fuerza contra el suelo. Comenzaba a ponerme demasiado nerviosa para coordinarme correctamente.

De pronto se oyó una melodía, Bravy había comenzado a silbar nuestra canción. Esa canción que yo susurraba a Feary al oído cuando quería insuflarle valor en las caídas con estilo. Esa canción que hablaba de sacar el lado amable de la vida y de disfrutar cada momento. Roosty, Corsety, Feary y Parrot Jones se unieron a Bravy, convirtiendo su silbido en el sonido más poderoso de la noche.

Sentí cómo me invadía una oleada de optimismo e intenté levantarme muy despacio mientras oía la canción. Los movimientos eran lentos pero estudiados y logré ponerme de patas. Di un paso muy calculado, y luego otro, y luego otro hasta salir del charco y empecé a hacer cuenta atrás: «cinco, cuatro, tres, dos, uno». ¡Ahora sí! La canción se solapó con la salva de aplausos. ¡Lo había conseguido!

—¡Sí, sí, sííí! ¡Lo hemos conseguido! ¡Lo hemos conseguido! —grité.

Al otro lado de la carretera volvió a sonar «Popeya tracatrá». Esa carretera se había convertido en pura fiesta. La pandilla se fundía en besos y abrazos.

Roosty sintió cómo Bravy tras abrazarle le había plantado un delicado beso en el piquito. No supo descifrar si era un error de cálculo, de distancia o era algo más. Ya se lo preguntaría en privado.

El habitante de la carretera que había anunciado Par pasó a toda velocidad, sin perturbar para nada la alegría del momento.

—¿Sabéis una cosa chicos? —grité— Aquí no hay ningún cráter. Se ve todo verde y liso.

Expresiones de júbilo de todo tipo siguieron al comentario. Se acababa de culminar el primer objetivo. La fábrica de huevos a las finas hierbas empezaba a tener un fundamento real.

Esa fue una de las noches más especiales de mi vida. Tendría tiempo de disfrutar con otros momentos decisivos para mí y para mi negocio, pero esa es otra historia que ya te contaré en otro momento.

Tomas Falsas

Lo que sí y lo que no se contó en
La gallina que cruzó la carretera

A modo de anexo

Tomas falsas

(Lo que sí y lo que no se contó en *La gallina que cruzó la carretera)*

- **Sí se contó**... El éxito genera éxito.
- **No se contó**... La señora Curie, debido a los poderes de sus hierbas, fue investigada por la brigada policial del corral. Pese a que lo intentaron, no pudieron tocarle ni una pluma.
- **Sí se contó**... El pasado no te condiciona toda la vida.
- **No se contó**... La señora Freudy utiliza en la actualidad un test con auténticas manchas de tinta.
- **Sí se contó**... Cuestiónate los patrones establecidos.
- **No se contó**... Los nietos del tomate Tom desearon ser gotas de lluvia y se convirtieron en tomates *cherry*.
- **Sí se contó**... Todos somos seres únicos.
- **No se contó**... La cebra de las trillizas sigue siendo cebra soltera. Las trillizas han tenido dos nuevas hermanas.
- **Sí se contó**... No existe una justicia universal.
- **No se contó**... El tigre, no dispuesto a pasar más hambre, montó con la cebra y sus cinco

hijas un negocio de catering, *Catering Z Jones*. Adivina quién les suministra los tomates cherry.

- **Sí se contó**... La conducta está fundamentalmente regida por las consecuencias que la siguen. Si las consecuencias de lo que hacemos son positivas tendemos a repetir esa conducta, pero si son negativas, tendemos a evitarla.
- **No se contó**... El hermano del cerdito de las piruetas, Deep Voice, la voz de la Fiesta Tasca, tras superar varios *castings* fue seleccionado para participar en el programa musical ‹Operación Porcina›, obteniendo un meritorio segundo puesto.
- **Sí se contó**... Todos tenemos nuestro baúl de las fuerzas, busca en él.
- **No se contó**... La expresión de Parrot Jones «la madre que te incubó» fue censurada en el capítulo cuatro al ser considerada subidita de tono.
- **Sí se contó**... No es el destino el que nos condena sino nuestras propias elecciones.
- **No se contó**... El baúl de Roosty estuvo perdido durante tres días en la nueva terminal del aeropuerto. Al recuperarlo comentó: «la próxima vez lo facturo como equipaje de mano y me quito de problemas».
- **Sí se contó**... Cada uno interpreta la realidad como quiere. Lo que pienses determinará lo que sientas.
- **No se contó**... Los diálogos del libro han sido retocados por ordenador. Las gallinas los interrumpían constantemente marchándose mientras alegaban «Lo siento chicos, estoy que pongo un huevo».
- **Sí se contó**... A la hora de delegar, da la máxima información posible: el dónde, el

para qué, el porqué, y acota al máximo el qué se debe hacer.

- **No se contó**... Corsety, tras la abrupta irrupción de Roosty y Bravy en el instante de su puesta, colocó un pestillo en su cubículo para proteger su momento más íntimo.
- **Sí se contó**... El mayor defecto puede convertirse de la noche a la mañana en la mayor de las virtudes.
- **No se contó**... El granjero de la fábula logró salvar su granja al casarse con la enfermera jefe del hospital en el que estuvo ingresado por ingesta de setas en mal estado.
- **Sí se contó**... Una buena comunicación favorece cualquier proceso de cambio.
- **No se contó**... El plato más solicitado de *Catering Z Jones* es el de huevo a las finas hierbas con mermelada de tomates cherry. El negocio está resultando ser todo un éxito, y menos mal, porque la cebra se acaba de volver a quedar embarazada.
- **Sí se contó**... Nos podemos programar para el éxito.
- **No se contó**... Parrot Jones, habida cuenta de los cambios experimentados en la Fiesta Tasca se está forrando. Tanto, que el pasado verano hizo un viaje a su tierra natal, Salvador de Bahía. Un día decidió no subir al hotel a comer para quedarse en la playa un ratito más. ¿Adivináis cómo se llamaba el vendedor callejero, viejo, calvo y enjuto que le vendió un cuenco de pipas?... Scarpeak.

MENCHU GÓMEZ MARTÍNEZ (Madrid) es Licenciada en Psicología por la Universidad Complutense de Madrid con especialidad en Clínica. Máster en *Coaching*, Psicología del Deporte y Psicología Clínica Cognitivo-Conductual. Amante de la diversidad, en la actualidad compagina su trabajo clínico en el Centro de Psicología Gran Vía con el de *coach* ejecutivo y empresarial en *141 coaching*. Colabora además en televisión en debates sobre temas de actualidad.

RUBÉN TURIENZO ORTIZ (Madrid) es Licenciado en Historia del Arte, Máster en Psicología y *Coaching*, y Máster MBA. Es cofundador de *141 coaching* y desarrolla su labor profesional en esta empresa. Interesado en la innovación y la superación dentro del ámbito empresarial y personal ha creado programas sobre liderazgo, efectividad en las organizaciones y *coaching*. Gran viajero y amante de la naturaleza ha recorrido prácticamente todo el mundo.

Acabose de imprimir este libro, por encargo de Editorial Almuzara, en los talleres gráficos de Taller de libros, en una calurosa mañana de junio de 2007, en la que el Sol lucía anaranjado como una gran yema... de huevo.